NOUVELLE
GÉOGRAPHIE

RÉDIGÉE CONFORMÉMENT AU PROGRAMME DES ÉCOLES PRIMAIRES
DU DÉPARTEMENT DE LA SEINE

N° 2

NOTIONS SOMMAIRES SUR LES CINQ PARTIES DU MONDE
ET SUR L'EUROPE EN PARTICULIER

(COURS MOYEN DE L'ENSEIGNEMENT PRIMAIRE)

PAR

E. CORTAMBERT

Vice-président de la Société de géographie
Bibliothécaire de la section géographique de la Bibliothèque nationale

PARIS
LIBRAIRIE HACHETTE ET Cⁱᵉ
BOULEVARD SAINT-GERMAIN, 79

1875

U
16

NOUVELLE

GÉOGRAPHIE

PARIS. — IMPRIMERIE DE E. MARTINET, RUE MIGNON, 2.

NOUVELLE
GÉOGRAPHIE

RÉDIGÉE CONFORMÉMENT AU PROGRAMME DES ÉCOLES COMMUNALES
DU DÉPARTEMENT DE LA SEINE.

N° 2

NOTIONS SOMMAIRES SUR LES CINQ PARTIES DU MONDE
ET SUR L'EUROPE EN PARTICULIER

(COURS MOYEN DE L'ENSEIGNEMENT PRIMAIRE)

PAR

E. CORTAMBERT

Ancien président de la Commission centrale de la Société de géographie
Bibliothécaire de la Section géographique de la Bibliothèque nationale

PARIS.

LIBRAIRIE HACHETTE ET Cie
79, BOULEVARD SAINT-GERMAIN, 79

1876

TABLE DES MATIÈRES

NOUVELLE GÉOGRAPHIE

COSMOGRAPHIE ÉLÉMENTAIRE

I

FORME ET MOUVEMENT DE LA TERRE

La *géographie* est la description de la Terre.

La Terre est ronde ; ce qui le prouve, c'est que, par dessus les grandes plaines ou les grandes étendues d'eau, on ne

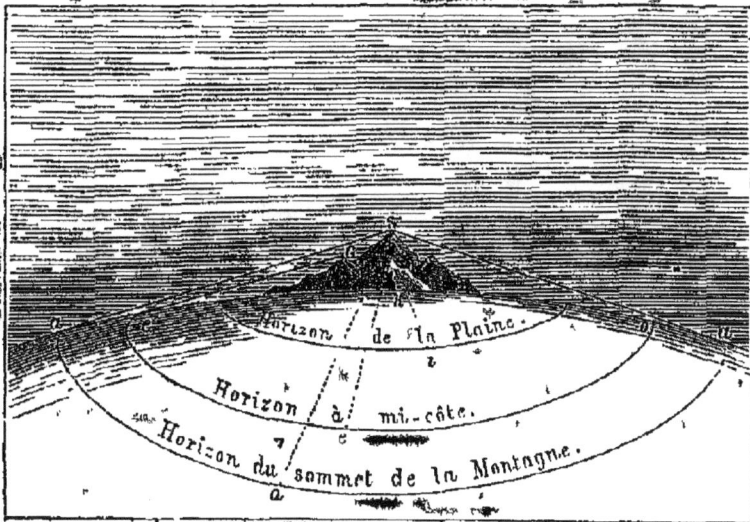

Horizon.

peut voir que le haut des édifices, des montagnes ou des navires très-éloignés : notre vue est limitée de tous côtés sur la Terre ; cette limite forme un grand cercle autour de nous et s'appelle *horizon*.

Les montagnes n'empêchent pas la Terre d'être ronde, parce qu'elles ne sont rien comparativement à sa grosseur : la Terre, en effet, a 40 000 kilomètres de tour ou environ 13 000 kilomètres d'épaisseur, tandis que les plus hautes montagnes n'ont que 8 à 9 kilomètres d'élévation.

La Terre tourne sur elle-même; elle fait ainsi passer devant le Soleil successivement tous les points de sa surface ;

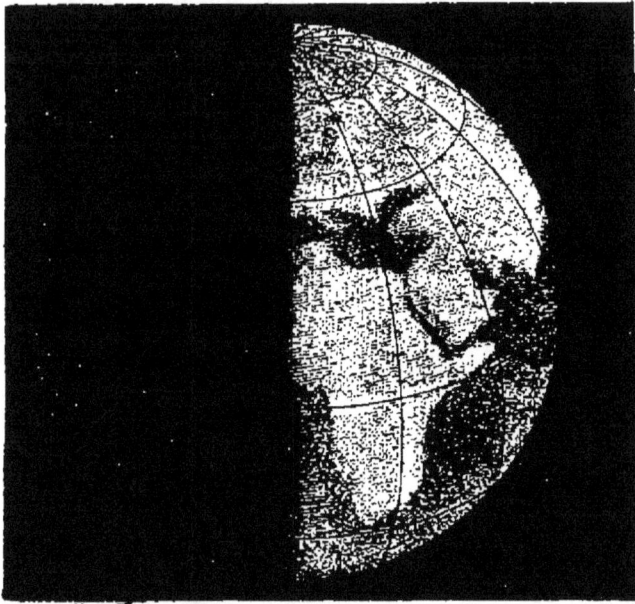

Mouvement de la Terre sur elle-même.

voilà pourquoi nous avons tour à tour le *jour* et la *nuit*, le *matin* et le *soir*, *midi* et *minuit*, enfin toutes les différentes heures.

La Terre fait un tour sur elle-même en vingt-quatre heures.

Elle tourne en même temps autour du Soleil; elle fait un tour entier autour de cet astre dans l'espace d'une année.

Par ce mouvement, elle parcourt 900 millions de kilomètres par an, ou 31 kilomètres par seconde. On ne se figure pas d'abord qu'on puisse être transporté dans l'espace si rapidement sans le sentir; et voilà pourquoi on croit volontiers que ce sont les astres qui tournent autour de nous.

,On éprouve alors une illusion; comme lorsqu'on est sur un bateau, ou dans une voiture bien suspendue roulant sur le gazon ou sur le sable fin : on dirait que les objets du voisinage passent à côté de nous et s'enfuient; ils sont immobiles cependant. Si nous oublions alors notre propre mouvement, il est bien naturel aussi que nous ne sentions pas celui de la Terre : car c'est une voiture admirablement suspendue, et les voyageurs n'y sont avertis de leur marche par aucun obstacle, par aucune secousse.

La Lune tourne autour de la Terre dans l'espace d'un *mois*. Elle fait douze fois sa révolution autour de la Terre dans une année.

II

ROSE DES VENTS, AXE, PÔLES, CERCLES GÉOGRAPHIQUES.

Le côté de l'horizon où le Soleil semble se lever s'appelle *est*, *levant* ou *orient*; — celui où il semble se coucher est l'*ouest*, *couchant* ou *occident*; — le *sud* ou *midi*, appelé

Grande Ourse et Petite Ourse.

aussi point *austral* ou *méridional*, est dans la direction où nous voyons le Soleil à midi; — le *nord* ou *septentrion*, nommé aussi point *boréal* ou *septentrional*, est à l'opposé, et se reconnaît par les groupes d'étoiles de la *Grande Ourse* et de la *Petite Ourse*, situés de ce côté. — Ce sont les quatre *points cardinaux*. On les désigne ordinairement par ces abréviations : N., S., E., O.

Il y a quatre *points collatéraux* : le *nord-est*, entre le nord et l'est; — le *nord-ouest*, entre le nord et l'ouest; —

le *sud-est*, entre le sud et l'est ; — le *sud-ouest*, entre le sud et l'ouest.

Les points cardinaux et les points collatéraux forment ce qu'on appelle la *rose des vents*.

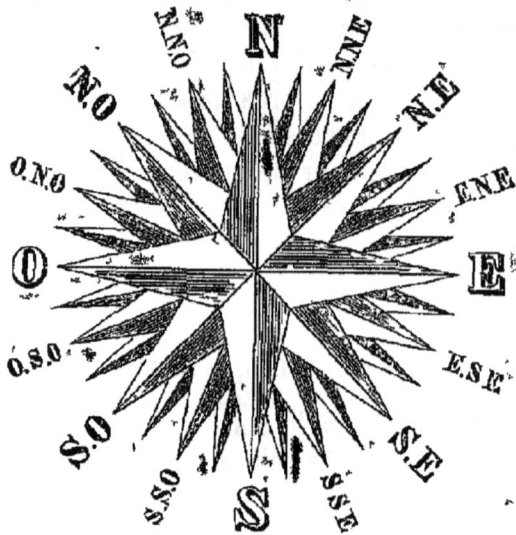

Points cardinaux.

Il est très-utile de savoir retrouver les points cardinaux et collatéraux, c'est-à-dire s'*orienter*. Pendant le jour, il est facile de le faire au moyen du Soleil, qu'on voit à l'est à six heures du matin, au sud à midi, et à l'ouest à six heures du soir.

Le Soleil se trouve au sud-est à neuf heures du matin. Il est au sud-ouest à trois heures du soir.

La nuit, on peut avoir recours à l'étoile Polaire, située au nord, dans la Petite Ourse.

On se sert aussi de la *boussole*, précieux instrument dont la pièce principale est une aiguille d'acier aimanté ; suspendue sur un pivot où elle puisse tourner librement, cette aiguille a la propriété de diriger une de ses pointes au nord et l'autre au sud.

Sur les dessins nommés *cartes*, qui représentent la Terre ou quelques-unes de ses parties, on a coutume de placer le nord en haut et le sud en bas, l'est à droite et l'ouest à gauche.

La ligne imaginaire sur laquelle la Terre fait son mouvement sur elle-même, et qu'on peut comparer à l'essieu d'une roue, s'appelle *axe*.

Les deux extrémités de l'axe sont les *pôles* : l'un est le *pôle nord;* l'autre, le *pôle sud*.

On nomme *équateur* ou *ligne équinoxiale* un grand cercle qui se trouve à égale distance des deux pôles, et qui divise la Terre en deux demi-boules ou *hémisphères*. Ce cercle est dans la partie la plus chaude de la Terre, car c'est sur cette partie que le Soleil darde directement ses rayons.

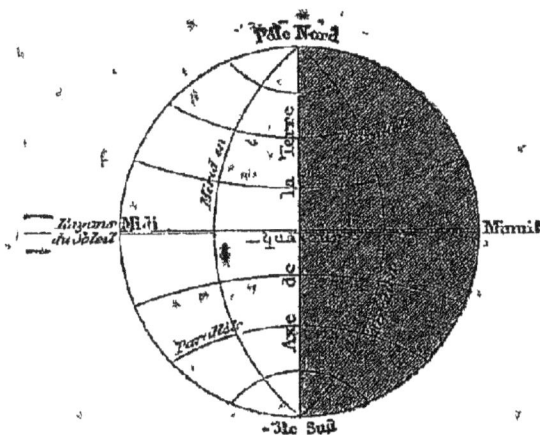

Axe, pôles, équateur, méridiens, parallèles.

A mesure qu'on s'éloigne de l'équateur et qu'on s'avance vers le pôle N. ou vers le pôle S., il fait de plus en plus froid.

Un *méridien* est un autre grand cercle qui coupe l'équateur perpendiculairement, et partage le globe en deux hémisphères : l'*hémisphère oriental* et l'*hémisphère occidental*.

Tous les points qui ont midi en même temps sont sous le même méridien.

Or, comme la Terre tourne de l'ouest à l'est, tous les endroits placés à l'est ou à l'ouest les uns des autres, passant devant le Soleil les uns avant les autres, ont des méridiens différents; ainsi le nombre des méridiens est infini.

Les *parallèles* sont des cercles plus petits que les précédents et parallèles à l'équateur. Le nombre de ces cercles est également infini. Mais il y en a quatre qu'on distingue par des noms particuliers : deux de ces parallèles sont les *tropiques du Cancer* et *du Capricorne*, le premier au nord et le second au sud de l'équateur ; les deux autres sont les *cercles polaires*

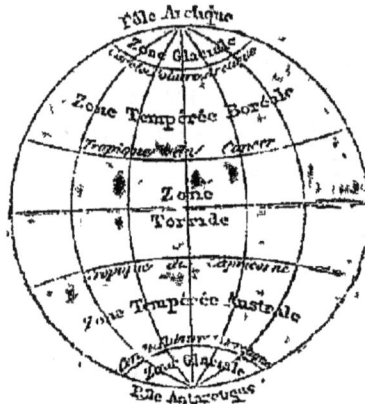

Zones. — Tropiques.

arctique et *antarctique*. Ces quatre parallèles divisent la Terre en cinq grandes *zones* de température : la *zone torride* (ou brûlée) entre les deux tropiques ; les *zones tempérées boréale et australe*, entre les tropiques et les cercles polaires ; les *zones glaciales arctique et antarctique*, au delà des cercles polaires.

III

LATITUDE ET LONGITUDE. — GLOBE TERRESTRE, CARTES GÉOGRAPHIQUES, MESURES ITINÉRAIRES

Latitude, longitude. — Une des choses les plus importantes en géographie, c'est de savoir à quelle distance un lieu se trouve de l'équateur. On n'a pas coutume d'indiquer cette distance en lieues ni en kilomètres, mais en *degrés*, *minutes* et *secondes*. Or, la circonférence entière du globe est de 360 degrés ; un degré comprend 60 minutes, et une minute se divise en 60 secondes.

On dira donc que tel lieu est à tant de degrés, minutes et secondes de l'équateur ; mais, au lieu de s'énoncer ainsi, on

dit plus ordinairement qu'il est à tant de degrés, minutes e,
secondes de *latitude*. Voici pourquoi on s'exprime de cette
manière :

Les régions connues des anciens formaient une étendue
plus grande de l'est à l'ouest que du nord au sud ; par conséquent, la *largeur* ou la *latitude*[1] de cet espace s'étendait du
nord au sud, tandis que sa *longueur* ou *longitude*[2], était
dans le sens de l'ouest à l'est ; car on désigne la plus grande
étendue d'une surface par le mot *longueur*, et la moindre
par le mot *largeur*. On conserve encore aujourd'hui ces
expressions, appliquées aux dimensions de la surface de la
Terre, et l'on continue à appeler *latitude* la dimension de
la Terre du N. au S. ou du S. au N, et *longitude* la dimension de l'O. à l'E. ou de l'E. à l'O.

L'équateur divise la latitude en deux parties : la *latitude
nord* ou *septentrionale*, et la *latitude sud* ou *méridionale*.

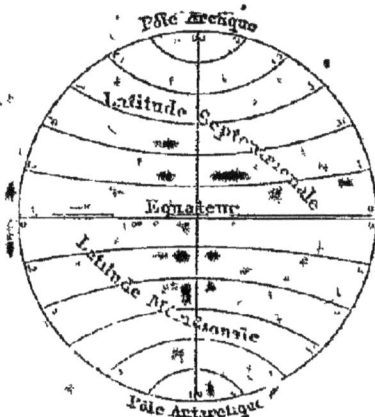

Latitude.

Chacune de ces deux latitudes s'étend depuis l'équateur
jusqu'à l'un des pôles, et embrasse 90 degrés.

Mais, si l'on dit seulement qu'un lieu est à tant de degrés
de latitude, par exemple à 45 degrés de latitude nord, on
n'aura pas encore une idée bien précise de sa situation sur le

1. Ces deux mots signifient la même chose. *Latitude* vient d'un
mot latin qui veut dire *largeur*.
2. *Longitude* signifie *longueur*.

globe; car on ne saura pas sur quel point de tout le 45ᵉ parallèle il faudra le chercher.

On a donc senti la nécessité de rattacher en même temps la position des lieux à un grand cercle dirigé dans un sens perpendiculaire à celui de l'équateur ; on a choisi pour cela un des nombreux méridiens qui coupent le globe du nord au sud, et l'on a rapporté à ce cercle, désigné sous le nom de *premier méridien*, la situation des différents points. Ainsi, on dira que tel lieu est à tant de degrés à l'est et à l'ouest du premier méridien.

Nous supposions tout à l'heure un lieu situé à 45 degrés de latitude nord; si l'on ajoute qu'il se trouve à 30 degrés, par exemple, à l'est du premier méridien, on aura tout de suite une idée précise de sa situation sur la Terre.

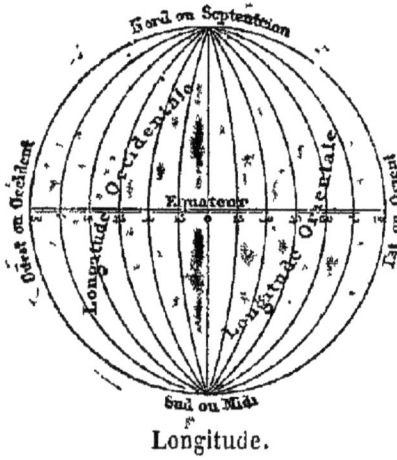

Longitude.

Or, ce méridien divise la longitude en deux parties, dont l'une est la *longitude est* ou *orientale*, et l'autre la *longitude ouest* ou *occidentale* : on peut donc dire que tel lieu est à tant de degrés de longitude est ou de longitude ouest, au lieu dire qu'il est à tant de degrés à l'est ou à l'ouest du premier méridien.

Chacune des deux divisions de la longitude comprend 180 degrés, parce qu'elle embrasse la moitié de la circonférence du globe.

Comme tous les méridiens sont exactement de même étendue, et qu'ils paraissent tous d'une importance égale, les différentes nations ne s'accordent pas sur le choix de ce cercle. Les Français le font passer par Paris.

Globe, cartes, mesures itinéraires. ═ La manière la plus exacte de représenter la Terre est de la reproduire par un *globe* artificiel.

Mais, pour donner plus facilement les détails nécessaires, on a
recours à des dessins sur le papier, c'est-à-dire aux *cartes.*

On appelle *mappemonde* ou
planisphère une carte qui représente tout le globe terrestre.

Tantôt cette carte reproduit la
forme ronde de la Terre, et elle
en montre séparément les deux
hémisphères, parce qu'il est im-
possible de voir sur le papier le
globe tout entier tel qu'il est na-
turellement. Sur cette carte, les
degrés de latitude sont marqués
tout autour de chaque hémi-

Globe terrestre.

sphère, à l'extrémité des parallèles, et les degrés de longitude sont indiqués sur l'équateur à chaque méridien tracé.

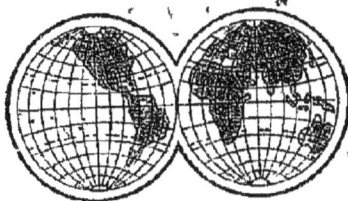

Mappemonde.

Quelquefois on ne cherche pas à rendre la rondeur de la
Terre : dans ce cas, on se figure que la surface a été enlevée
au globe et qu'on l'a étendue et aplatie sur le papier ; alors la
carte est carrée, et l'on n'a pas besoin de faire deux hémisphères séparés. C'est cette sorte de mappemonde qui s'appelle spécialement *planisphère.* Les degrés de latitude y sont
marqués à droite et à gauche, toujours à l'extrémité des parallèles ; les degrés de longitude sont placés en haut et en bas,

à l'extrémité des méridiens. Il en est de même dans les cartes qui servent à représenter seulement un pays.

On est convenu de diviser tout corps circulaire en 360 degrés. La Terre a donc 360 degrés de tour. Cette circonférence équivaut à 9000 lieues ou 40 000 kilomètres. On a proposé de diviser le cercle en 400 parties appelées *grades*.

Chacun des 360 degrés, pris sur l'équateur ou sur un méridien, renferme 25 lieues communes de France ou 111 kilomètres et un dixième, ou 11 myriamètres et un dixième ; ce sont nos *mesures itinéraires* les plus usitées.

Si l'on adopte la division du cercle en grades, chaque grade d'un grand cercle a 100 kilomètres.

A côté de la carte, on trace ordinairement une ligne nommée *échelle*, divisée en lieues, en kilomètres ou en toute autre mesure itinéraire, et au moyen de laquelle on peut évaluer la distance d'un lieu à un autre.

Une échelle est dite au 5000ᵉ, au 10 000ᵉ, au 100 000ᵉ, etc., suivant que le dessin est 5000 fois, ou 10 000 fois, ou 100 000 fois, etc., plus petit que le terrain qu'elle représente. Quand la carte est plus grande que le 10 000ᵉ, elle peut prendre le nom de *plan*, comme on le voit dans l'exemple ci-dessous, qui donne les environs d'une école à peu près à l'échelle du 2000ᵉ.

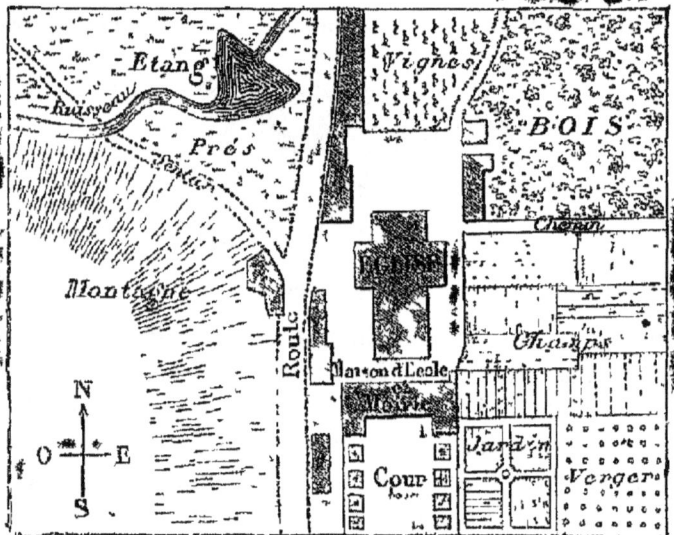

La Maison d'école.

TERMES GÉOGRAPHIQUES

IV

DÉFINITION DES TERMES DE LA GÉOGRAPHIE PHYSIQUE ET DE LA GÉOGRAPHIE POLITIQUE

La géographie se divise en deux grandes parties : la *géographie physique*, qui décrit ce que la *nature* a produit, et la *géographie politique*, qui embrasse les divisions que les hommes ont établies, les habitations qu'ils ont fondées.

Voici les termes qui s'appliquent à ces deux sortes de géographie.

Géographie physique. — La surface de la Terre est divisée en *terres* et en *eaux*.

Les terres occupent bien moins de place que les eaux sur cette surface ; elles forment deux grands espaces principaux, appelés *continents*. Le plus grand, nommé *Ancien continent*, s'étend du N. E. au S. O. ; il comprend trois parties du monde : l'*Europe*, au N. O., l'*Asie*, à l'E., et l'*Afrique*, au S. O. L'autre, qui est le *Nouveau continent*, s'allonge du N. au S. ; il compose l'*Amérique*, qui est la quatrième partie du monde. Un *troisième continent*, moins considérable que les deux autres, et situé au S. E. de l'Ancien, dans l'hémisphère austral, s'appelle *Australie* ou *Nouvelle-Hollande*.

Il y a d'autres espaces de terre bien moins grands, entourés de tous côtés par les eaux : ce sont des *îles*.

On donne le nom d'*îlots* aux îles les plus petites.

Lorsque les îles sont rapprochées les unes des autres, elles composent des *groupes* et des *archipels*.

La partie du globe où l'on trouve le plus d'îles est au S. E.

de l'Asie, dans le Grand Océan; les îles de cette région et l'Australie composent une cinquième partie du monde, nommée *Océanie*.

Il y a donc cinq parties du monde : l'*Europe*, l'*Asie*, l'*Afrique*, l'*Amérique* et l'*Océanie*; — et trois continents : l'*Ancien*, le *Nouveau* et l'*Austral*.

En rattachant aux continents les îles qui les avoisinent, on distribue toutes les terres en trois *mondes* : 1° l'*Ancien mande*, qui comprend l'Ancien continent et les terres qui l'entourent; 2° le *Nouveau monde*, qui renferme le Nouveau continent et les îles environnantes; 3° le *monde Maritime*, qui se compose de l'Océanie.

On appelle *contrée*, *région* ou *pays*, une certaine étendue de terre.

Des portions de terre entourées d'eau presque de tous côtés s'appellent *péninsules* ou *presqu'îles*, car ce sont *presque des îles*.

Un *isthme* est un espace étroit par lequel deux portions de terre sont jointes l'une à l'autre.

Les *côtes* sont les bords des continents et des îles. Quand elles sont hautes et escarpées, elles s'appellent *falaises*; si elles sont basses, elles forment des *plages*, des *grèves*.

Les petits avancements des côtes sont les *promontoires*, les *caps* et les *pointes*.

L'ensemble des eaux répandues sur la Terre forme une grande masse qu'on appelle la *mer*, et qui occupe environ les deux tiers de la surface du globe.

La partie la plus vaste de la mer est l'*Océan*.

On divise l'Océan en cinq parties :

1° L'*océan Atlantique*, à l'O. de l'Ancien continent et à l'E. du Nouveau; — 2° le *Grand Océan*, ou l'*océan Pacifique*, à l'E. de l'Ancien continent et de l'Australie, et à l'O. de l'Amérique; — 3° l'*océan Indien*, au S. de l'Asie, à l'E. de l'Afrique et à l'O. de l'Australie; — 4° l'*océan Glacial arctique*, dans la partie la plus boréale du globe; — 5° l'*océan Glacial antarctique*, dans la partie la plus australe.

Une *mer* est une partie de l'Océan qui pénètre dans l'intérieur des terres : telle est la *Méditerranée*, formée par

l'océan Atlantique, et placée entre l'Europe, l'Afrique et
l'Asie.

Les *golfes* et les *baies* sont des enfoncements moins étendus que les mers.

Les *anses* sont moins grandes que les baies.

Carte des termes géographiques.

Les *rades*, les *ports* et les *havres* sont encore plus petits.
Ces enfoncements sont ordinairement propres à servir de re-
fuge aux navires.

Les *détroits* sont des espaces de mer resserrés entre deux
parties de terre. Quelquefois on les appelle *canaux*.

Les grands amas d'eau placés au milieu des terres sont des
lacs. Il y en a d'assez considérables pour porter le nom de
mers : telle est la mer *Caspienne*, au milieu de l'Ancien
continent.

Les amas d'eau peu profonds situés dans les terres sont des *marais*.

Les *lagunes* sont des espèces de lacs placés près des côtes et communiquant avec la mer. On les nomme quelquefois *étangs*.

Il existe souvent dans la mer des rochers dangereux pour les navigateurs : on les appelle *écueils*, *récifs* ou *brisants*.

Il s'y trouve aussi des espaces sablonneux, qui sont également fort dangereux pour les vaisseaux, et qu'on appelle *bancs de sable*.

Les vents produisent sur la mer et les lacs des élévations mobiles qu'on appelle *vagues*, *ondes*, *lames* et *flots*.

Il y a, dans la mer, des *courants*, qui portent les eaux dans de certaines directions.

Par l'effet de l'attraction de la Lune et du Soleil, les eaux de la mer s'élèvent et s'abaissent tour à tour deux fois par jour : c'est ce qu'on appelle les *marées*.

La marée montante prend le nom de *flux*, et la marée descendante, celui de *reflux*.

Les *plaines* sont des espaces de terrain plat.

On nomme *déserts* de grands espaces inhabités : ordinairement ce sont des plaines arides; quelquefois cependant ils sont couverts de hautes herbes, et s'appellent alors *savanes*. Les petits déserts qu'on voit en France se nomment *landes*.

Les déserts de l'est de l'Europe et du nord de l'Asie sont appelés *steppes*.

Les *oasis* sont de petits espaces fertiles dans les déserts arides.

Les *monts* et les *montagnes* sont de grandes hauteurs; les *collines* et les *monticules* sont moins élevés. Une *côte* ou un *coteau* est le penchant d'une montagne ou d'une colline; quelquefois on nomme *côte*, une montagne tout entière.

Le *pied* est la partie la plus basse d'une montagne. Le *sommet* en est le point le plus élevé; quand il est pointu, il se nomme *pic* ou *aiguille*. — Une *chaîne de montagnes* est formée par plusieurs montagnes jointes les unes aux autres.

L'*altitude* d'une montagne ou de tout autre point est son élévation au-dessus du niveau de la mer.

On nomme *plateaux* de larges territoires considérablement élevés au-dessus des pays voisins; tantôt ils sont plats, tantôt

Éruption d'un volcan (le Vésuve).

ils sont surmontés ou entourés de montagnes. On nomme encore *plateaux* de petites plaines qui forment les sommets de certaines montagnes.

Les penchants d'une montagne ou d'une chaîne de montagnes s'appellent *pentes, revers, versants* ou *flancs*.

L'*arête*, la *crête* ou le *faîte* est la suite des sommets d'une chaîne de montagnes.

Les *volcans* sont des montagnes qui présentent de grandes ouvertures nommées *cratères*, d'où sortent des flammes, de la fumée et des minéraux fondus.

Les *tremblements de terre* sont de terribles phénomènes pendant lesquels le sol s'agite violemment.

On voit, par les éruptions des volcans et par les tremblements de terre, que le globe est très-chaud intérieurement : les gaz de l'intérieur s'échappent alors.

Un *défilé* est un passage étroit entre deux sommets de montagnes, ou entre une montagne et une mer. On nomme spécialement *cols* les défilés entre deux montagnes.

Les *vallées* et les *vallons* sont des espaces profonds qui se trouvent entre deux montagnes ou entre deux chaînes de montagnes.

Les sommets des plus hautes montagnes sont généralement couverts de neiges et de glaces continuelles : les amas de glace qui s'étendent sur les pentes de beaucoup de montagnes sont appelés *glaciers*.

Les *avalanches* sont des masses de neige qui se précipitent du haut des montagnes.

Les *cavernes* ou *grottes* sont des profondeurs qui se trouvent ordinairement dans les rochers des montagnes.

Une réunion d'arbres forme un *bois*; une *forêt* est plus considérable qu'un bois.

Un *fleuve* est un grand cours d'eau qui se jette dans la mer.

Une *rivière* est un cours d'eau qui perd son nom en se joignant à un autre ; cependant, quand un cours d'eau qui se rend directement dans la mer n'est pas considérable, il s'appelle aussi *rivière*.

Un *ruisseau* est un petit cours d'eau.

Les *torrents* sont des cours d'eau très-rapides et qui, ordinairement, n'existent qu'à certaines époques de l'année, au moment des grandes pluies ou de la fonte des neiges.

La *source* d'un cours d'eau est l'endroit où il commence ; son *embouchure* est l'endroit où il se jette dans la mer. Plusieurs embouchures s'appellent aussi *bouches*. Le territoire

Cataracte (Niagara).

compris entre la mer et les branches d'un fleuve à plusieurs embouchure se nomme *delta*.

Cours moyen. —

L'endroit où deux cours d'eau se réunissent est un *confluent*.

Les *affluents* d'un cours d'eau sont les divers cours d'eau qu'il reçoit.

Les deux rives d'un cours d'eau s'appellent *rive droite* et *rive gauche*. Pour les reconnaître, il faut se figurer que le cours d'eau est une personne qui descend vers l'endroit où il se termine; la rive droite est à la droite de cette personne, la rive gauche à sa gauche.

Le *bassin d'un fleuve* est le territoire arrosé par ce fleuve et par ses affluents; La *ligne de partage des eaux* est la ceinture de hauteurs qui enveloppe un bassin.

Le *bassin d'une mer* est l'ensemble de tous les territoires qui versent leur eaux dans cette mer.

La partie d'un pays qui verse ses eaux dans une mer forme le *versant de cette mer* (expression abrégée pour : *versant incliné vers cette mer*).

Un *étang* est un amas d'eau formé par un ruisseau dont on arrête le courant au moyen d'une chaussée. On donne quelquefois aussi aux lagunes le nom d'*étangs*.

Une chute d'eau se nomme *cascade*, quand c'est un ruisseau qui la forme, et *cataracte*, lorsqu'elle est dans le cours d'un fleuve ou d'une grande rivière. Si elle est très-peu considérable, c'est un *rapide*.

Un *canal* est un grand fossé où l'on introduit de l'eau, principalement pour y faire circuler les bateaux et pour établir une communication d'un cours d'eau à un autre. Au moyen des écluses, on peut faire remonter ou descendre les bateaux sur un canal établi sur un terrain en pente.

Géographie politique. — Races d'hommes, etc.

Il y a sur la Terre environ un milliard deux cents millions d'hommes; on les divise en trois grandes races : la race *blanche* ou *caucasique*, la race *jaune* ou *mongolique* et la race *nègre*.

La race blanche habite surtout l'Europe, l'ouest de l'Asie et le nord de l'Afrique. A mesure qu'on avance dans des contrées plus chaudes, on observe que le teint de cette race devient plus brun; sans doute à cause de l'ardeur du soleil mais elle se reconnaît toujours à sa tête ovale, à sa bouche peu fendue, à ses cheveux fins et soyeux.

Les hommes de la race jaune habitent surtout l'est et le nord de l'Asie. Il se font remarquer par leur visage large, leur tête à peu près ronde, leur couleur jaunâtre, leur bouche très-fendue, leur nez écrasé, leurs yeux très-longs, mais étroits et relevés du côté des tempes. Leurs cheveux sont noirs et roides.

Les nègres peuplent une grande partie de l'Afrique : ils ont la peau noire, le front aplati, les mâchoires très-avancées, les lèvres grosses, les dents fort longues, la bouche grande, le nez large et épaté ; ceux de l'Afrique ont les cheveux laineux et crépus. La plupart sont encore sauvages ou très-peu civilisés. Dans l'Australie et d'autres parties de l'Océanie habitent les noirs océaniens, qu'il ne faut pas confondre avec les nègres africains : ils n'ont pas, comme ceux-ci, les cheveux laineux, ni le nez épaté.

Il y a, en outre, un assez grand nombre de populations basanées, olivâtres et rougeâtres, qui se rapprochent plus ou moins des trois grandes races blanche, jaune et nègre.

Les hommes basanés qu'on nomme *Malais* et *Polynésiens* habitent une grande partie de l'Océanie.

Les *Indiens américains* indigènes de l'Amérique ont généralement le teint rougeâtre.

Les hommes les plus civilisés forment les grandes associations qu'on appelle *peuples* ou *nations*.

Les hommes à demi civilisés ou tout à fait sauvages forment les *peuplades*, les *tribus*, les *hordes* et les *familles isolées*.

Les peuples et les nations ont des demeures fixes, c'est-à-dire des *maisons* solides, de pierre, de brique et de bois.

Les maisons sont ordinairement réunies en groupes : les plus petits groupes sont les *hameaux* ; on appelle *villages* les groupes un peu plus importants ; un *bourg* est plus considérable qu'un village ; enfin les plus grandes réunions de maisons s'appellent *villes* ou *cités*.

Les hommes à demi civilisés ou sauvages ont pour habitations des *tentes*, faites ordinairement de peaux d'animaux ; ils ont aussi des *huttes*, formées de branchages et de feuillages, ou de terre grossièrement disposée ; ils habitent quelquefois des *cavernes*. ·

Un *État* est un pays soumis à un même gouvernement, et où règnent généralement les mêmes mœurs, le même langage.

Quand l'État est gouverné par un roi, c'est un *royaume* ; quand il l'est par un empereur, c'est un *empire* ; lorsqu'il est gouverné par la nation elle-même, ou plutôt par des chefs qu'elle nomme, c'est une *république*.

Quelquefois plusieurs États sont unis entre eux par certains liens de fraternité : c'est alors une *confédération*.

Les grandes divisions administratives des États sont des *provinces* (comme en Belgique, en Espagne, en Italie, autrefois en France), ou des *départements* (comme aujourd'hui en France), ou des *comtés* (comme en Angleterre), ou des *gouvernements* (comme en Russie); etc.

Les subdivisions consistent en *arrondissements* (comme en France), *districts* (en Russie), *cercles* et *bailliages* (en Allemagne), *cantons* (qui viennent, en France, immédiatement au-dessous des arrondissements), etc. — Les *communes*, ou, suivant l'expression religieuse, les *paroisses*, sont les plus petites de toutes les subdivisions.

Les hommes civilisés ont des travaux très-variés, qui se classent en trois divisions : les *arts*, les *sciences* et le *commerce*.

Les hommes à demi civilisés ont pour occupation, en général, le soin des troupeaux, qu'ils conduisent de pâturage en pâturage; ces pasteurs errants portent le nom de *nomades*.

Les hommes tout à fait sauvages ne connaissent guère que deux sortes de travaux : la *chasse* et la *pêche*.

Un grand nombre d'hommes reconnaissent un seul Dieu ; tout en ayant cette croyance commune, ils se partagent en trois religions principales . 1° le *christianisme*, qui règne chez les peuples les plus civilisés, et qui comprend lui-même le *catholicisme*, le *protestantisme* et la *religion grecque* ; 2° le *judaïsme* ou religion des juifs ; 3° le *mahométisme* ou la religion de Mahomet, appelée aussi *religion musulmane* ou *islamisme*. — Les autres adorent plusieurs dieux et sont *païens* : leur religion s'appelle *paganisme* ou *polythéisme*, et se divise en *fétichisme*, *brahmisme*, *bouddhisme*, etc.

V

ASIE

GÉOGRAPHIE PHYSIQUE

Limites, Situation, Climat. — L'Asie, qui occupe la partie orientale de l'Ancien continent, est beaucoup plus grande que l'Europe; elle s'avance bien plus loin vers le nord, et s'approche aussi bien plus de l'équateur. Il y fait très-froid au nord et très-chaud au sud.

Elle tient, vers l'O., à l'Europe et à l'Afrique par trois espaces de terre : le plus grand et le plus septentrional de ces espaces est le territoire des monts Ourals; celui du milieu est l'isthme du Caucase, entre la mer Caspienne et la mer Noire; le plus méridional est l'isthme de Suez, qui unit l'Asie à l'Afrique.

Partout ailleurs, l'Asie est entourée par la mer.

Au N., elle est baignée par l'*océan Glacial arctique*; à l'E., par le *Grand Océan;* au S., par l'*océan Indien.*

Mers et Golfes. — Le Grand Océan forme les mers de *Béering*, d'*Okhotsk* et du *Japon*, la mer *Jaune*, la mer de *Corée* ou mer *Bleue* et la mer de *Chine*, qui comprend les golfes de *Tonkin* et de *Siam*.

L'océan Indien forme le golfe du *Bengale*, la mer d'*Oman*, le golfe *Persique* et la mer *Rouge* ou golfe *Arabique*.

La mer *Méditerranée*, l'*Archipel*, la mer de *Marmara*, la mer *Noire* et la mer *Caspienne* forment une assez grande partie de la limite de l'Asie à l'O.

Détroits. — Le détroit des *Dardanelles* ou l'*Hellespont* unit l'Archipel à la mer de Marmara; le canal de *Constantinople* où le *Bosphore* fait communiquer la mer de Marmara avec la mer Noire.

L'océan Glacial communique avec la mer de Beering, par le détroit de *Beering*, resserré entre l'extrémité N. E. de l'Asie et l'extrémité N. O. de l'Amérique.

Le détroit de *Malaka* fait communiquer la mer de Chine avec le golfe du Bengale.

Le golfe Persique communique avec la mer d'Oman par le détroit d'*Ormus*.

La mer Rouge communique avec la même mer par le détroit de *Bab-el-Mandeb*.

Presqu'îles. — Les côtes de l'Asie sont assez irrégulières, et l'on y voit beaucoup de presqu'îles.

A l'O., est la presqu'île de l'*Asie Mineure*, située entre la Méditerranée et la mer Noire.

Au S. O., on voit la vaste presqu'île d'*Arabie*.

Au S., sont deux grandes presqu'îles : l'*Hindoustan* ou la presqu'île occidentale de l'*Inde*, et l'*Indo-Chine* ou la presqu'île orientale de l'*Inde*, qui comprend elle-même la presqu'île de *Malaka*.

A l'E., on remarque la presqu'île de *Corée* et celle de *Kamtchatka*.

Caps. — Le cap le plus boréal de l'Asie est le cap *Nord-Est*; — le plus avancé à l'E. est le cap *Oriental*, sur le détroit de Beering; — le plus méridional est le cap *Bourou*, à l'extrémité de la presqu'île de Malaka; — le plus occidental est le cap *Baba*, dans l'Asie Mineure.

On remarque aussi le cap *Comorin*, à l'extrémité méridionale de l'Hindoustan.

Étendue de l'Asie. — L'Asie a 10 200 kilomètres de longueur, du N. E. au S. O., depuis le cap Oriental jusqu'au détroit de Bab-el-Mandeb; elle a 8000 kilomètres de largeur, depuis le cap Nord-Est jusqu'au cap Bourou.

Iles. — On remarque dans le Grand Océan la longue

chaîne des îles *Kouriles*, à la suite du Kamtchatka; l'île de *Sakhalien*, les îles du *Japon*, l'île *Formose* et l'île de *Haï-nan*.

Dans l'océan Indien, se trouvent les îles *Andaman* et *Nicobar*; l'île de *Ceylan*, une des plus belles du monde; les îles *Laquedives* et la longue chaîne des îles *Maldives*, environnées de récifs dangereux.

Dans l'Archipel, sont les îles *Sporades*, dont la principale est *Rhodes*.

Dans la Méditerranée, on voit l'île de *Chypre*, près et au S. de l'Asie Mineure.

Plateaux et Montagnes. — Le sol de l'Asie est très-élevé vers le milieu: il y forme le *grand plateau central*, qui renferme de vastes déserts, et qui est entouré presque partout d'énormes montagnes. On remarque, parmi ces montagnes, les monts *Altaï*, au N., les monts *Célestes*, à l'O.; les monts *Karakoram* et *Kouen-lun*, au S. — A quelque distance au S. du plateau, sont les monts *Himalaya*, les plus hautes montagnes de la Terre.

Il faut aussi remarquer le *plateau de la Perse.*

Entre ces deux plateaux, est le *Caucase indien.*

Les monts *Elbrouz* bordent au N. le plateau de la Perse.

Dans le S. de l'Hindoustan, sont les deux chaînes des *Ghattes.*

Sur la limite N. O. de l'Asie, s'étendent les monts *Ourals.*

Dans l'O., on remarque les hautes montagnes du *Liban*, du *Taurus* et du *Caucase*, et les monts *Ararat* et *Sinaï*, célèbres dans l'Histoire sainte.

Plaines. — Dans le nord de l'Asie, on remarque les plaines froides et tristes de la *Sibérie.*

Les plaines du S. au contraire, sont très-fertiles et très-belles, particulièrement dans l'*Inde* et la *Chine.*

Dans le S. O., sont les plaines désertes de l'*Arabie*; dans l'O., les plaines désertes d'une partie de la *Perse* et du *Turkestan*; dans le centre, les plaines désertes de *Gobi.*

Versants et Fleuves. — L'Asie est partagée en six grandes divisions naturelles, c'est-à-dire deux plateaux: le *plateau central* et le *plateau de la Perse*; et quatre versants : le *versant du N.* ou de l'océan *Glacial;* — le *versant de l'E.* ou du *Grand Océan;* — le *versant du S.* ou de l'océan *Indien;* — le *versant de l'O.* ou des *mers intérieures* (mers Méditerranée, Noire, Caspienne et d'Aral).

On voit couler, sur le versant de l'océan Glacial : l'*Ob* ou *Obi,* l'*Iéniséi* et la *Léna.*

Sur le versant du Grand Océan, l'*Amour* ou *Sakhalien-oula,* le *Hoang-ho* ou fleuve *Jaune,* le *Kiang* ou *Yang-tsé-kiang,* le *Cambodge* ou *Mé-kong,* et le *Mé-nam.*

Sur le versant de l'océan Indien : l'*Ava* ou *Iraouaddy,* le *Brahmapoutre,* le *Gange,* qui se jettent dans le golfe du Bengale; le *Sind* ou *Indus,* qui se rend dans la mer d'Oman; le *Tigre* et l'*Euphrate,* qui se réunissent et se jettent ensemble dans le golfe Persique.

Sur le versant des mers intérieures : l'*Oural,* tributaire de la mer Caspienne; le *Djihoun* ou *Amou-daria* (anciennement *Oxus*), et le *Sihoun* ou *Sir-daria,* qui se jettent dans la mer d'Aral.

Lacs. — Les plus grands lacs de l'Asie sont la mer *Caspienne* et la mer d'*Aral,* placées sur le versant de l'O.

On remarque ensuite, sur le versant du N., le lac *Baïkal.*

Au milieu du grand plateau central, ou tout près de ce plateau, on voit le lac *Lob,* le lac *Bleu* ou *Khoukhou-noor,* et le lac *Balkhach.*

Il y a, dans l'ouest, plusieurs lacs salés : le plus célèbre est le lac *Asphaltite* ou la mer *Morte,* dans un bassin profond, qui ne communique avec aucune mer. Ce lac reçoit au N. le *Jourdain.*

CONTRÉES PRINCIPALES

L'Asie comprend treize divisions principales.

Au N., est la **Russie asiatique orientale**, qui se compose de la *Sibérie,* du *Turkestan russe,* de la *Mongolie russe,* de la *Mandchourie russe* et de l'île de *Sakhalien.* Elle s'étend depuis les monts *Ourals,* la mer Caspienne et la mer d'Aral jusqu'au détroit de *Beering* et à la mer du Japon. C'est une contrée plus grande que l'Europe; cependant elle ne renferme que 7 millions d'habitants, à cause de son climat généralement très-froid; mais il y a des mines précieuses et beaucoup d'animaux à fourrures.

Les villes principales sont *Tobolsk*, *Irkoutsk*, *Tachkend* et *Samarkand*. Parmi les peuples, on distingue les *Kirghiz* et les *Ostiaks*.

A l'O., on remarque la *Transcaucasie*, la *Turquie d'Asie*, la *Perse*, l'*Afghanistan* et le *Turkestan occidental*.

La **Transcaucasie**, ou la **Russie asiatique occidentale**, se trouve entre la mer Caspienne et la mer Noire, au S. du Caucase. La *Géorgie* est un des pays principaux qu'elle contient. La ville la plus importante est *Tiflis*.

La **Turquie d'Asie** s'étend entre la mer Noire, l'Archipel, la Méditerranée et le golfe Persique; elle renferme plusieurs régions très-fameuses dans l'histoire : l'*Asie Mineure*, l'*Arménie*, la *Mésopotamie*, l'*Assyrie*, la *Babylonie* et la *Syrie* (dans laquelle se trouve la *Palestine* ou *Judée*).

Les villes principales sont : *Smyrne*, *Bagdad*, *Mossoul*, *Alep*, *Damas*, *Jérusalem*. — On y distingue des villes ruinées célèbres : *Troie*, *Éphèse*, *Ninive*, *Babylone*, *Palmyre*, *Tyr*, etc.

La **Perse**, qui s'appelle plus exactement **Iran**, est située entre la mer Caspienne, au N., et le golfe Persique et la mer d'Oman, au S. — TÉHÉRAN en est la capitale; les autres villes principales sont *Ispahan*, *Tauris* et *Chiraz*.

L'**Afghanistan**, ou royaume de **Caboul**, est compris presque entièrement dans la partie orientale du plateau de la Perse. — Il a pour capitale CABOUL, et pour autres villes principales *Condahar* et *Hérat*.

Le **Turkestan** occidental, ou **Turkestan** proprement dit, qu'on appelle aussi **Tatarie occidentale** ou **Touran**, s'étend à l'E. de la mer Caspienne et vers la mer d'Aral. — Les plus importants pays qui s'y trouvent sont la *Boukharie* et la *Khivie*, dont les villes principales sont *Boukhara* et *Khiva*.

Le centre et l'E. du continent asiatique sont occupés par deux divisions : le *Turkestan oriental* et l'empire *Chinois*.

Le **Turkestan oriental**, qui a été longtemps soumis à l'empire Chinois et qui forme maintenant un État indépendant, comprend un assez grand espace dans l'O. du plateau

Jérusalem.

central de l'Asie. *Kachgar* et *Yarkand* en sont les villes principales.

L'**empire Chinois**, que ses habitants appellent l'*empire Céleste* ou l'*empire du Milieu*, est très-grand, mais moins vaste cependant que l'empire Russe : c'est le pays le plus peuplé du globe ; on en évalue la population à plus de 400 millions d'habitants.

Il contient cinq contrées principales : la plus importante est la *Chine propre*, qui est baignée par le Grand Océan et qui est le cœur de l'empire, la partie où se trouve la plus nombreuse population. C'est un pays très-beau, très-industrieux, et dont la civilisation est fort ancienne. Une *grande muraille* a été élevée pour le défendre au N.; mais, malgré ce rempart, il a été conquis plusieurs fois par les peuples septentrionaux.

La capitale de la Chine est PÉ-KING, très-grande ville, qui a environ 1 500 000 habitants. Autres villes remarquables : *Nan-king*, *Sou-tcheou*, *Chang-haï*, *Canton*, *Han-keou*.

Les autres pays de l'empire sont : la *Mandchourie*, au N. E.; la *Corée*, à l'E. ; la *Mongolie*, au N., et le *Tibet*, au S. O.

Les Anglais ont sur la côte S. de la Chine, l'île de *Hong-kong*, et les Portugais y possèdent *Macao*.

Près des côtes orientales de l'Asie, est le **Japon**, empire tout composé d'îles, situé à l'E. de l'empire Chinois, et remarquable par son industrie et sa civilisation. Ses principales îles sont *Nippon*, *Kiou-siou*, *Sikok*, et *Yéso*. — La capitale est MYAKO ou KYO, dans le sud de l'île de Nippon ; résidence de l'empereur, qui est en même temps souverain pontife et qui a le titre de *mikado*. Mais la plus grande ville est YÉDO ou TO-KYO, seconde capitale, sur la côte orientale de la même île ; c'était la résidence du vice-roi ou *taïcoun*, dont le pouvoir a été détruit.

Nagasaki, dans l'île de Kiou-siou, a été longtemps le seul port ouvert aux étrangers, et les seuls étrangers admis étaient les Chinois et les Hollandais ; mais on a ouvert d'autres ports (*Osaka*, *Yokohama*, etc.), et les Américains, ensuite les Français, les Anglais, etc., ont aussi acquis le droit de commercer au Japon.

Dans le sud de l'Asie, se trouvent quatre contrées : l'*Indo-Chine*, l'*Hindoustan*, le *Béloutchistan* et l'*Arabie*.

L'Indo-Chine, ou la presqu'île orientale de l'Inde, située entre la mer de Chine et le golfe du Bengale, est partagée entre plusieurs nations.

A l'E., est l'empire d'**An-nam**, capitale HUÉ, située dans la *Cochinchine* proprement dite; autre ville importante, *Ha-noï*, dans le Tonkin.

Au S.-E., est la **Basse-Cochinchine**, possession française; capitale SAÏGON.

On remarque ensuite :

Le royaume de **Cambodge**, qui reconnaît la suzeraineté de la France; capitale PENOMPENG.

Le royaume de **Siam**, dont la capitale est BANGKOK.

L'empire **Birman**, dont la capitale est MANDALAY.

Les **Anglais** ont une partie de l'Indo-Chine, à l'O. et au S., et leurs villes principales y sont *Pégou, Rangoun, Singapour* (dans une petite île de même nom).

Enfin il y a plusieurs petits États dans la presqu'île de **Malaka**.

L'Hindoustan, ou la presqu'île occidentale de l'Inde, ou simplement l'**Inde**, s'étend entre le golfe du Bengale, la mer d'Oman et les monts Himalaya : c'est une contrée très-riche et très-peuplée, dont la civilisation remonte à une haute antiquité.

Les **Anglais** ont la plus grande partie de l'Hindoustan. La capitale de leurs possessions dans cette région est CALCUTTA, sur une branche du Gange, dans la province du *Bengale*; ils ont aussi les grandes villes de *Bénarès, Agra, Dehly, Madras, Bombay, Surate, Lahore*, etc., et l'île de *Ceylan*.

Cachemire, fameuse par ses châles, appartient à l'un des princes de l'Inde qui reconnaissent la suzeraineté de l'Angleterre.

Les **Français** possèdent : *Pondichéry* et *Karikal*, sur la côte de Coromandel; *Chandernagor*, dans le Bengale; *Mahé*, sur la côte de Malabar, et plusieurs autres villes.

Les **Portugais** ont surtout l'île de *Goa*.

Le **Béloutchistan** s'étend à l'O. de l'Hindoustan, le long de la mer d'Oman. La capitale est KÉLAT.

L'**Arabie**, située entre le golfe Persique, la mer Rouge et la mer d'Oman, est en partie composée de déserts ; cependant il y a aussi des régions fertiles : on y récolte le café le plus renommé du monde. Elle est partagée en plusieurs États, et a pour villes principales : *la Mecque, Médine, Sana, Moka, Mascate, Riad*, et *Aden*, qui appartient aux Anglais.

POPULATION.

La population de l'Asie est d'environ 700 millions d'habitants. Elle est de la race jaune dans la partie orientale ; elle appartient à la race blanche dans la moitié occidentale.

Parmi les peuples de la race blanche, il y en a cependant qui semblent s'en éloigner par leur couleur : tels sont les Hindous, qui ont une peau très-brune, quelquefois noire ; mais ils se rattachent aux nations blanches par leur conformation générale.

On trouve aussi, vers l'extrémité S. E. de l'Asie, quelques peuplades de la race malaise, particulièrement dans la presqu'île de Malaka.

La religion *musulmane* domine dans l'ouest, où il y a aussi un assez grand nombre de *chrétiens* ; les deux religions païennes connues sous les noms de *bouddhisme* et de *brahmisme* ou *brahmanisme* règnent dans la partie orientale et dans le S.

GÉOGRAPHIE COMMERCIALE. — PRINCIPAUX OBJETS D'ÉCHANGE AVEC L'EUROPE.

Voici les principales productions qui se trouvent dans l'Asie et dont une grande partie font l'objet d'exportation en Europe :

Minéraux. — L'Asie possède des pierres précieuses : rubis, turquoises, saphirs, etc. Il y a des mines de diamants dans l'Hindoustan. L'or et le cuivre abondent dans les monts Ourals, les monts Altaï, l'Indo-Chine, l'Hindoustan, la Chine et le Japon ; le graphite et l'argent, en Sibérie ; l'étain, dans la presqu'île de Malaka, la houille dans l'Hindoustan.

Végétaux. — La végétation est magnifique dans le S. de l'Asie : on y voit les palmiers (entre autres, le cocotier), les bambous, l'indigotier, le cannellier, le poivrier, le camphrier, le figuier indien, le tek, l'oranger, le bananier, le bois de sandal, le caféier, le cotonnier, la canne à sucre, le riz, des bois odorants. Dans l'O., on remarque des oliviers, les dattiers, la vigne, des térébinthes, des lentisques, des cyprès, des cèdres, des cerisiers, des abricotiers, des pêchers, des pruniers, des amandiers, des mûriers, des grenadiers, des figuiers, des céréales semblables à celles de l'Europe; — dans l'E., le thé, l'arbre à vernis, les arbres à suif et à cire, le camellia, l'hortensia, etc.

Animaux. — Les chameaux sont les plus utiles bêtes de somme des régions occidentales et centrales. Les chevaux d'Arabie sont renommés. Les animaux du S. sont principalement les singes, les éléphants, les rhinocéros, les buffles, les tigres, les perroquets, les argus, les paons, les faisans dorés et argentés.

Dans les montagnes du centre, on rencontre la chèvre qui donne le duvet à châles, le yak (espèce de bœuf, dont le poil soyeux est employé à faire des tissus), le chevrotain porte-musc. Dans le N., il y a des martres, des hermines, des renards et autres animaux à fourrures. Le ver à soie est originaire du S. E. On pêche sur les côtes du S. beaucoup de cauris et d'huîtres à perles. Les tortues y donnent une belle écaille.

On trouve d'excellentes éponges dans la Méditerranée, sur les côtes de Syrie.

Les nids d'hirondelle, qui sont un des mets les plus recherchés des Chinois, se rencontrent en quantité dans les grottes d'une partie de l'Indo-Chine.

Produits fabriqués. — On fait en Asie, dans l'Inde particulièrement, des soieries, des foulards, des étoffes de coton, de laine, de lin, de chanvre et de jute (plante textile qui croît dans le N. de l'Inde). On vante les cachemires de l'Inde, les maroquins, les tapis, les nattes, les brocarts, les armes blanches, l'essence de rose de la Turquie d'Asie et de la Perse, le papier et l'encre de Chine, la porcelaine et les ouvrages en laque de la Chine et du Japon.

L'Asie reçoit de l'Europe : des cotonnades, des draps, des soieries, des étoffes de lin et de chanvre, des armes à feu, de la quincaillerie, de la coutellerie, des outils de chirurgie, des instruments de physique et de mathématiques, des machines, du sucre raffiné, des vins, des eaux-de-vie, de la mercerie et des articles de modes, de la porcelaine et de la faïence, de la verrerie, de la bijouterie, de l'orfévrerie, de l'horlogerie, des livres, des gravures, du papier, de la houille.

VI

AFRIQUE

GÉOGRAPHIE PHYSIQUE

Situation, Limites, Mers. — L'Afrique occupe le S. O. de l'Ancien continent. C'est une grande presqu'île, fort large au N., mince au S., d'une forme assez régulière, qui se rapproche de celle d'un triangle ou de celle d'un losange, et qui est jointe à l'Asie, vers le N. E., par l'isthme de *Suez*, resserré entre la Méditerranée et la mer Rouge.

Elle est entourée par la mer de tous les autres côtés :

Au N., la mer *Méditerranée* la sépare de l'Europe.

L'océan *Atlantique* la baigne à l'O.

Au S. et à l'E., se trouve l'océan *Indien*.

Golfes, Détroits. — Les côtes africaines sont régulières et uniformes. Cependant la Méditerranée y forme un grand enfoncement, partagé en deux golfes, nommés golfe de la *Sidre* et golfe de *Cabès* (anciennement *Grande Syrte* et *Petite Syrte*); — l'océan Atlantique forme le golfe de *Guinée*, qui comprend ceux de *Bénin* et de *Biafra*.

Le détroit de *Gibraltar* se trouve au N. O., entre l'Afrique et l'Europe, et entre la Méditerranée et l'Atlantique.

L'océan Indien forme le détroit de *Bab-el-Mandeb* et la mer *Rouge*, qui sont resserrés entre l'Afrique et l'Arabie;

il forme aussi le canal de *Mozambique*, qui sépare du continent la grande île de *Madagascar*.

Caps. — L'Afrique a quatre caps principaux vers les
quatre points cardinaux. Ce sont : le cap *Blanc*, au N. ; le
cap des *Aiguilles*, au S. ; le cap *Vert*, à l'O., et le cap
Guardafui, à l'E.

Il faut de plus remarquer, au N., le cap *Bon*, assez près
du cap Blanc ; — à l'O., un autre cap *Blanc* ; — au S., le
cap de *Bonne-Espérance*.

Étendue. — Cette partie du monde a 8 000 kilomètres de longueur, du N. au S., et 7 500 dans sa plus grande
largeur, de l'E. à l'O. Elle est environ trois fois plus grande
que l'Europe.

Iles. — La plus grande des îles d'Afrique est *Madagascar* ou *Malgache*, située au S. E., dans l'océan Indien, et
qui surpasse la France en étendue (voir les îles africaines à la
page 38).

Déserts. — L'Afrique offre un mélange de régions très-
fertiles et de grands déserts sablonneux et arides : on y remarque surtout le *Sahara*, le plus vaste désert du globe.

Il y a encore dans l'intérieur de l'Afrique beaucoup de
parties qui nous sont inconnues.

Montagnes. — Une des plus hautes chaînes de montagnes est l'*Atlas*, au N. O. — Dans la partie orientale, on
trouve les montagnes de *Sémen*.

Au centre, on a découvert récemment, près et au S. de
l'équateur, les monts *Kénia* et *Kilima-Ndjaro*, qui paraissent être les plus hauts de cette partie du monde.

Au S. E., on remarque les monts *Lupata* ;
Au S., les monts de *Neige.*

Climat. — L'Afrique est la plus chaude des parties du
monde. Dans la région renfermée entre les tropiques, les
pluies sont périodiques, c'est-à-dire reviennent à des époques
fixes : elles tombent abondamment durant plusieurs mois ;
ensuite il se passe un assez long temps sans qu'il tombe une

goutte d'eau. Ainsi, l'année de ces contrées ne se divise qu'en deux saisons : celle des pluies et celle de la sécheresse. Il y a des espaces fort étendus (comme une grande partie du Sahara) où il ne pleut jamais.

Versants, Bassins et Fleuves. — Vers le N., l'Afrique envoie ses eaux dans la mer Méditerranée ; — vers l'O., dans l'océan Atlantique ; — vers l'E., dans l'océan Indien.

Il existe, au centre de cette partie du monde, de grands bassins au milieu desquels sont de vastes lacs.

Le plus considérable des fleuves qui se jettent dans la Méditerranée est le *Nil*, formé par la jonction du *Nil Blanc* et du *Nil Bleu*. La première de ces deux branches est la plus longue, et sort de grands lacs situés vers l'équateur.

Les principaux fleuves tributaires de l'océan Atlantique sont : le *Sénégal*, la *Gambie*, le *Kouara* ou *Niger*, le *Zaïre* ou *Coango*, la *Coanza* et le fleuve *Orange*.

Parmi les fleuves qui coulent du côté de l'océan Indien, on remarque surtout le *Zambèze*.

Lacs. — Le lac *Tchad* ou *Tsad*, au centre, est un des plus grands lacs d'Afrique.

A l'E., se trouve le lac *Dembéa* ou *Tana*, formé par le Nil Bleu.

Sous l'équateur, sont deux très-grands lacs aussi :

L'un est l'*Oukérévé* ou lac *Victoria*, d'où sort, au N., le Nil Blanc.

L'autre, près et au N. O. de celui-là, est le lac *Albert* ou *Mvoutan-Nzighé*, qui se trouve dans le cours du même fleuve.

Au S. de l'équateur, on remarque le lac *Tanganyika*, le lac *Nyassa* et le lac *Nyami*.

CONTRÉES PRINCIPALES.

L'Afrique est divisée en 18 contrées principales :

Au N. E., il y a trois pays arrosés par le Nil et situés vers la mer Rouge : ce sont l'*Égypte*, la *Nubie* et l'*Abyssinie*.

L'**Égypte**, située vers l'isthme de Suez, est baignée par la Méditerranée, au N., et la mer Rouge, à l'E. ; elle est parcourue dans toute sa longueur par le Nil, et très-fertile sur les bords de ce fleuve, mais aride ailleurs. Son ancienne civilisation et les belles ruines qu'on y trouve l'ont rendue la plus intéressante des contrées de l'Afrique. Elle est gouvernée par un vice-roi tributaire de l'empereur de Turquie et qui prend le titre de *khédive*.

Elle a pour capitale LE CAIRE, sur le Nil. — Autres villes principales : *Alexandrie*, *Rosette* et *Damiette*, sur la Méditerranée; *Suez*, sur la mer Rouge, point où aboutit un canal qui coupe l'isthme et unit directement les deux mers; *Port-Saïd*, à l'autre extrémité du canal, sur la Méditerranée.

Parmi les villes ruinées, on distingue surtout *Thèbes*, au sud.

La **Nubie**, située au S. de l'Égypte, dépend du même vice-roi; elle est traversée aussi par le Nil. La ville principale est *Khartoum*, au confluent des deux Nils.

L'**Abyssinie** ou **Éthiopie** est une région de plateaux élevés et de montagnes, qui s'étend au S. E. de la Nubie, jusqu'au détroit de Bab-el-Mandeb. On y voit la source du Nil Bleu et le lac Dembéa. Une partie de ce pays forme un empire, dont la capitale est GONDAR.

Au N., le long de la Méditerranée, s'étend la **Barbarie** ou la **région Barbaresque**, longue contrée qui occupe presque toute la côte méridionale de la Méditerranée et qui doit son nom aux *Berbères*, un de ses principaux peuples. Elle se divise en quatre parties : 1° la régence de **Tripoli**, capitale TRIPOLI; — 2° la régence de **Tunis** ou **Tunisie**, capitale TUNIS, près de l'emplacement de l'ancienne *Carthage*; — 3° l'**Algérie**, aux Français, capitale ALGER; autres principales villes : *Bône*, *Philippeville*, *Bougie*, *Oran*, sur la côte; *Constantine*, dans l'intérieur; — 4° l'empire de **Maroc**, capitales MAROC et FEZ; autres villes : *Méquinez*, *Mogador*, *Tanger*, *Ceuta* (à l'Espagne).

Les pays d'Afrique baignés par l'Atlantique et situés à l'O. et au S. O., sont : le *Sahara*, la *Sénégambie*, la *Guinée supérieure*, la *Guinée inférieure*, l'*Ovampie*, la *Hottentotie*.

Le **Sahara** ou **Grand Désert**, situé au S. de la Barbarie, est baigné à l'O. par l'Atlantique, et s'étend au loin dans l'intérieur. Il renferme un assez grand nombre d'oasis. Parmi les peuples qui l'habitent, on distingue les *Touareg*.

La **Sénégambie**, la contrée la plus occidentale de l'Afri-

Ville de Maroc.

que, tire son nom du Sénégal et de la Gambie; c'est un pays très-fertile, mais trop chaud en général, malsain dans plusieurs parties, et partagé entre les Français, les Portugais et plusieurs peuples indigènes. Une des villes principales est *Saint-Louis*, aux Français, sur le Sénégal. La petite île de

Gorée, sur la côte, près du cap Vert, appartient aussi aux Français, de même que plusieurs établissements aux bords de la Gambie.

La **Guinée supérieure** ou **septentrionale** environne au N. et au N. E. le golfe de Guinée. On y remarque : la côte de *Sierra-Léone* (aux Anglais); — la côte des *Graines* (où se trouve la république de *Libéria*, fondée pour des nègres venus de l'Amérique); — la côte des *Dents* ou d'*Ivoire* (où il y a eu des établissements français); — la côte d'*Or* (où sont le royaume d'*Achanti* et des établissements anglais, dont plusieurs ont appartenu aux Hollandais); — la côte des *Esclaves*, où est le royaume de *Dahomey;* — celle de *Bénin;* — celle de *Gabon* (avec un établissement qui était à la France, mais qui a été cédé aux Anglais pour les possessions qu'ils avaient sur la Gambie).

La plus grande et la plus civilisée des villes de la Guinée supérieure est *Abbéokuta*, derrière la côte des Esclaves.

La **Guinée inférieure** ou **méridionale** renferme le royaume de *Congo*, dont la capitale est *San-Salvador*, et la colonie d'*Angola*, aux Portugais.

L'**Ovampie** a pour peuple principal les *Ovampo*.

La **Hottentotie** est ainsi appelée de ses habitants, les *Hottentots* ou *Quaqua*.

A l'extrémité sud de l'Afrique, entre l'océan Atlantique et l'océan Indien, est la **colonie du Cap**, qui appartient aux Anglais, et qui est terminée au S. O. par le cap de Bonne-Espérance, dont elle tire son nom. La VILLE DU CAP (ou simplement LE CAP) en est la capitale.

Au S. E. et à l'E., les pays baignés par l'océan Indien sont : la *Cafrerie maritime*, le *Mozambique*, le *Zanguebar* et le *Somâl*.

La **Cafrerie maritime**, habitée par plusieurs nations cafres, renferme la colonie anglaise de *Natal*.

La **capitainerie générale de Mozambique**, qui dépend des Portugais, s'étend en face de l'île de Madagascar; elle a pour capitale *Mozambique*.

Le **Zanguebar** est partagé entre plusieurs États nègres et arabes, presque tous sous la domination du sultan de **Zan-**

zibar. La capitale de ce prince est ZANZIBAR, sur une île de même nom. On remarque aussi l'île et le port de *Mombas*.

Le **Somal** est situé à l'extrémité orientale de l'Afrique: on y remarque *Zeïla*.

Dans l'intérieur de l'Afrique, on trouve la *Nigritie septentrionale*, la *Nigritie méridionale* et la *Cafrerie intérieure*.

La **Nigritie septentrionale** ou **Nigritie** proprement dite, appelée aussi **Soudan** ou **Takrour**, s'étend entre le Sahara et la Guinée supérieure, et depuis la Nubie jusqu'à la Sénégambie; elle est traversée par le Niger ou Kouara, à l'O., et par le Nil Blanc, à l'E.; le lac Tchad se trouve au milieu.

C'est généralement une contrée belle et fertile.

Parmi les pays qu'elle renferme, on remarque le *Haoussa*, le *Bornou* et le *Darfour* (qui dépend du khédive d'Égypte). Les villes les plus commerçantes sont *Kano* et *Tombouctou*.

Le nom de Nigritie signifie pays des nègres : les populations nègres y sont en effet les plus nombreuses; mais il s'y trouve aussi des Arabes et un peuple de couleur rougeâtre, très-puissant, nommé les *Fellata*.

La **Nigritie méridionale** est la contrée la moins connue de l'Afrique; le Nil y a sa source, et il s'y trouve les grands lacs Victoria, Albert, Tanganyika et Nyassa. — L'*Ouniamouézi* et le *Londa* sont parmi les principaux pays qu'elle renferme.

La **Cafrerie intérieure** comprend un grand nombre de peuples, dont les principaux sont les *Betchouana* et les *Makololo*. — L'empire, autrefois célèbre, du *Monomotapa* était dans cette région. — D'anciens colons hollandais y ont formé les deux républiques du *Fleuve-Orange* et du *Transvaal*.

Les trois contrées de l'intérieur sont celles qu'il est le plus difficile aux Européens d'aborder; aussi les voyageurs qui les ont parcourues se sont-ils acquis une grande célébrité par leurs courageuses explorations. On remarque particulièrement, dans ces derniers temps, Livingstone, Speke, Baker, Stanley et Cameron.

POPULATION.

On croit que l'Afrique renferme plus de 100 millions d'habitants. Ceux du nord appartiennent à la race *blanche;* mais ils sont généralement de couleur bronzée; quelques-uns même ont le teint noir, tout en conservant la physionomie générale de la race caucasique. Les principaux sont : les *Maures;* — les *Berbères*, dont font partie les *Kabyles* et les *Touareg*; — les *Tibou;* — les *Coptes*, en Égypte; — les *Nubiens;* — les *Abyssins;* — les *Somâli*.

Plusieurs peuples étrangers sont venus se mêler aux Africains du nord : tels sont les *Arabes* et les *Turcs*.

Les autres habitants de l'Afrique sont généralement des *nègres*, qui occupent à peu près tout ce qui se trouve au S. du Sahara, de la Nubie et de l'Abyssinie.

On remarque cependant, vers les régions moyennes de l'Afrique, quelques peuples considérables qui sont plutôt rouges que noirs, et qui paraissent tenir le milieu entre les deux races : tels sont les *Fellata*, les *Galla*, populations guerrières et entreprenantes. Dans le S., les *Cafres*, dont la couleur est d'un gris d'ardoise, et les *Hottentots*, d'un jaune brun, diffèrent assez des nègres proprement dits.

Les peuples africains sont plongés dans un triste état de barbarie ; un grossier *fétichisme*, qui consiste dans l'adoration des animaux et d'objets inanimés, est la religion du plus grand nombre des nègres. Le mahométisme est répandu dans le nord, dans une grande partie des contrées centrales et sur une certaine étendue de la côte de l'océan Indien.

Les Coptes et les Abyssins sont chrétiens.

L'anthropophagie existe chez quelques tribus de nègres et de Cafres.

Un des plus révoltants usages de l'Afrique est la vente des esclaves. Les lois des nations civilisées s'opposent à ce commerce, qui se fait encore cependant sur beaucoup de points.

ILES DE L'AFRIQUE.

Dans l'océan Atlantique. — Les îles *Açores* sont belles et riches en excellents fruits, surtout en oranges, mais elles éprouvent souvent des tremblements de terre. Elles appartiennent au Portugal.

Les îles *Madère* dépendent aussi du Portugal. La plus grande, nommée également *Madère*, est fertile en vins renommés.

Les *Canaries*, dépendantes de l'Espagne, sont la plupart très-riches et très-belles. La plus considérable est *Ténérife*, célèbre par une montagne volcanique qu'on appelle le *Pic de Ténérife*. — La plus occidentale est l'île de *Fer*, qui était autrefois le terme des connaissances géographiques vers l'ouest.

L'île de *Gorée*, près du cap Vert, est aux Français.

Les îles du *Cap-Vert*, soumises au Portugal, sont malsaines et exposées à de funestes sécheresses.

L'*Ascension* et *Sainte-Hélène* dépendent de l'Angleterre ; la seconde de ces deux îles est célèbre par l'exil et la mort de Napoléon Ier.

Fernan-do-Po, dans le golfe de Guinée, est à l'Espagne.

L'île du *Prince* et celle de *Saint-Thomas*, dans le même golfe, appartiennent aux Portugais.

L'île d'*Annobon* est aux Espagnols.

Les îles *Tristan da Cunha*, très-éloignées vers le S., sont à l'Angleterre.

Dans l'océan Indien. — *Madagascar* ou *Malgache* est une des plus grandes et des plus belles îles de la Terre. Les habitants s'appellent *Madécasses* ou *Malgaches*. Ils sont divisés en plusieurs nations, dont la principale est celle des *Hova*, ayant pour capitale *Tananarive*.

L'île de la *Réunion* (autrefois *Bourbon*) est une des plus importantes colonies françaises. Elle produit surtout beaucoup de café. Le chef-lieu est *Saint-Denis*.

L'île *Maurice* (autrefois *île de France*), que les Français ont possédée longtemps, appartient maintenant aux Anglais ; c'est une belle colonie, qui a pour chef-lieu *Port-Louis*.

Rodrigue, à l'E. de Maurice, est aussi aux Anglais.

Les îles *Comores*, situées dans le N. du canal de *Mozambique*, appartiennent la plupart à des princes indigènes. L'une d'elles, *Mayotte*, dépend de la France.

Port-Louis.

Les îles *Séchelles* sont à l'Angleterre.

L'île de *Zanzibar*, sur la côte de *Zanguebar*, avec une ville de même nom, est la résidence d'un puissant sultan arabe.

L'île de *Mombas* ou *Mombaza*, sur la même côte, appartient au même sultan.

L'île de *Socotora*, à l'E. du cap Guardafui, est soumise à un prince arabe.

L'île de la *Désolation* ou la *Terre de Kerguelen*, placée bien loin au S. E. de l'Afrique, se compose entièrement de rochers arides.

GÉOGRAPHIE COMMERCIALE.
PRINCIPAUX OBJETS D'ÉCHANGE AVEC L'EUROPE

Principales productions de l'Afrique, en grande partie exportées en Europe :

Minéraux. — Or (de Guinée, du Cap, etc.), fer, cuivre, plomb, zinc, antimoine; marbres (de l'Algérie), sel; émeraudes (d'Égypte), albâtre et porphyre (même pays), diamants (de l'Afrique australe).

Végétaux. — *Produits comestibles, etc.* — Blé, maïs, millet, riz, dourah, sorgho, café, manioc, canne à sucre, arrow-root, sésame, poivre et autres épices; oranges, pamplemousses, citrons, grenades, bananes, olives, figues, dattes, jujubes, amandes, glands doux, pistaches, arachides (donnant de l'huile); cocos, huile de palme, ignames, patates douces; vins (de Madère, des Canaries, du Cap).

Plantes médicinales et parfums. — Aloès, séné, gomme arabique, sang-dragon, copal, myrrhe.

Plantes industrielles. — Coton, alfa (plante textile d'Algérie); orseille (couleur qui provient d'une plante des Canaries); indigo et autres plantes tinctoriales; caoutchouc.

Bois de construction et d'ébénisterie. — Ébène, cyprès, ifs, térébinthes, thuyas.

Productions animales. — Bœufs, chevaux, ânes, mulets, moutons, chèvres, chameaux.

laine, soie, ivoire (dents d'éléphant et d'hippopotame), cornes de rhinocéros, civette, plumes d'autruche, cire et miel, sangsues.

Peaux, tortues, écailles de tortue, produits de baleine (cap de Bonne-Espérance), guano, ambre gris.

Produits fabriqués. — Soieries, étoffes de laine et de coton, maroquins, nattes.

L'Afrique **tire de l'Europe :**
Tissus de soie, de laine et de coton (particulièrement toiles de coton bleues appelées *guinées*).

Vins, eaux-de-vie et liqueurs, sucre raffiné.

Verrerie, verroterie, miroirs, conteries (parures grossières pour les nègres) ; machines, coutellerie, quincaillerie et autres ouvrages en métaux.

Monnaies pour l'usage de certains pays (telles que les talaris d'Autriche.)

Armes, poudre, objets de luxe ; porcelaine, poteries, peaux préparées ; mercerie, papier, houille, tabac.

VII

AMÉRIQUE

—

GÉOGRAPHIE PHYSIQUE

Découverte. — Les parties boréales de l'Amérique furent découvertes au IXᵉ et au Xᵉ siècle par les Scandinaves, qui appelèrent *Groenland* et *Vinland* les contrées où ils abordèrent. Les parties équinoxiales et les plus riches furent découvertes en 1492 par Christophe Colomb, dont cette partie du monde aurait dû porter le nom ; elle a pris celui d'un voyageur florentin, Améric Vespuce, qui ne la vit cependant qu'un peu après Colomb.

Situation, Limites, Constitution générale. —
L'Amérique s'allonge du N. au S., entre l'*océan Atlantique*,
à l'E., et le *Grand Océan*, à l'O.

Elle se termine en pointe vers le S. — Au N., vers l'*océan
Glacial*, ses bornes sont encore peu connues, à cause des
froids trop rigoureux et des amas de glace.

Cette partie du monde se rétrécit beaucoup vers le milieu ;
sa partie la plus étroite est l'*isthme de Panama*, continué par
celui de *Darien*.

Elle est divisée en deux grandes parties, unies entre elles
par ce double isthme : l'une est l'*Amérique du Nord*, et
l'autre l'*Amérique du Sud*.

Les côtes de l'Amérique du Nord sont très-irrégulières ;
mais celles de l'Amérique du Sud sont presque partout uniformes, et cette dernière contrée figure un grand triangle,
allongé du N. au S.

Mers, Golfes, Détroits. — L'océan Glacial forme la mer
Polaire de Kane ou de *Lincoln* et la mer de *Baffin*.

L'océan Atlantique forme le détroit de *Davis*, qui sépare
le Groenland du reste de l'Amérique ; — la mer d'*Hudson*,
qui pénètre fort avant dans le continent ; — le golfe *Saint-
Laurent*, sur la côte orientale de l'Amérique septentrionale ;
— le golfe du *Mexique* et la mer des *Antilles*, entre les
deux Amériques.

Vers l'extrémité méridionale de l'Amérique, se trouve le
détroit de *Magellan*, qui sépare le continent de la Terre de
Feu.

Du côté du Grand Océan, on voit le golfe de *Panama*, le
golfe de *Californie* (appelé aussi mer *Vermeille*) et la mer
de *Beering*.

Au N. de cette dernière mer, est le détroit de *Beering*,
situé entre la pointe N. O. de l'Amérique et la pointe N. E.
de l'Asie.

Presqu'îles. — On remarque, sur la côte orientale de
l'Amérique du Nord, les presqu'îles de *Labrador*, de la
Nouvelle-Écosse ou *Acadie*, de *Floride* et de *Yucatan*.

A l'O., on voit la presqu'île de *Californie* et celle d'*A-
laska*.

Îles. — Les îles les plus considérables répandues autour de l'Amérique sont le *Groenland*, l'*Islande*, *Terre-Neuve* et l'archipel du *Spitzberg*, au N. E. (mais ce dernier peut être rattaché à l'Europe); — les *Antilles*, à l'E.; —la *Terre de Feu*, au S.; —l'île de *Vancouver* et les îles *Aléoutiennes*, au N. O.

Caps. — Le cap le plus oriental de la partie continentale de l'Amérique du Nord est le cap *Charles*, dans le Labrador, et le plus avancé vers l'O. est le cap *Occidental*, sur le détroit de Beering.

L'Amérique du Sud s'amincit beaucoup vers le S., comme l'Afrique; elle a, comme elle, quatre caps remarquables vers les quatre points cardinaux : au N., le cap *Gallinas*; à l'E., le cap *Blanc* du Brésil; à l'O., le cap de *Pariña*; au S., le cap *Horn*. Mais ce dernier cap n'est pas sur le continent : il appartient à l'archipel de la Terre de Feu : l'extrémité continentale de l'Amérique vers le S. est le cap *Froward*, sur le détroit de Magellan.

On remarque, près de l'extrémité orientale de l'Amérique du Sud, le cap *Saint-Roch*; et, près de l'extrémité occidentale, le cap *Blanc* du Pérou.

Étendue. — L'Amérique continentale a environ 15 500 kilomètres de longueur, du N. au S.; sa largeur, de l'E. à l'O., varie beaucoup : elle n'est que de 45 kilomètres à l'isthme de Panama; elle va jusqu'à 5300 kilomètres dans les parties les plus larges de l'Amérique septentrionale et de l'Amérique méridionale. — Si l'on y comprend les îles, c'est la plus grande partie du monde.

Montagnes. — L'Amérique a de très-grandes chaînes de montagnes : la principale est celle qui parcourt le continent dans toute sa longueur; elle porte le nom de monts *Rocheux*, au N.; ceux de *Cordillère du Mexique* et de *Cordillère de l'Amérique centrale*, au milieu, et celui de *Cordillère des Andes*, au S. Ces dernières sont les plus élevées.

On remarque, en outre, dans l'Amérique du Nord, vers la côte occidentale, la *Sierra Nevada*, où se trouvent de riches mines d'or et d'argent, et, vers la côte orientale, les monts *Alleghany* ou *Apalaches*.

Aspect et Climat. — Il y a dans le Nouveau continent beaucoup de grands fleuves et une infinité de lacs; on y voit aussi d'épaisses forêts et des prairies très-étendues.

Le climat est extrêmement froid au N.; il est froid aussi vers la partie la plus méridionale, mais fort chaud dans les régions du milieu, qui sont dans la zone torride : ces régions éprouvent des pluies périodiques semblables à celles de l'Afrique, et sont d'une fertilité prodigieuse.

Versants et Fleuves. — L'Amérique est divisée en deux versants : l'un oriental, incliné vers l'océan Atlantique et l'océan Glacial; l'autre occidental, incliné vers le Grand Océan.

Sur le versant oriental, on remarque dans l'Amérique du Nord :

Le *Mackenzie*, le fleuve de la *Mine de cuivre* et le *Back*, qui se rendent dans l'océan Glacial.

Le *Saint-Laurent*, qui a une très-large embouchure.

L'*Hudson*, le *Potomac*, qui se jettent dans l'océan Atlantique.

Le *Mississipi*, fleuve long de 4500 kilomètres et tributaire du golfe du Mexique; il reçoit le *Missouri*, qui a 5000 kilomètres de cours; un autre de ses affluents les plus importants est l'*Ohio*.

Le *rio Grande del Norte* se jette aussi dans le golfe du Mexique.

On ne voit sur le versant occidental de l'Amérique du Nord que deux fleuves importants :

L'un est le *Columbia* ou *Orégon*.

L'autre est le *rio Colorado*, qui se jette dans le golfe de Californie.

Il faut aussi remarquer le *Fraser*, le *Sacramento*, célèbres par les mines d'or qui se trouvent vers leurs bords; et le *Youkon*, qui coule dans une région encore peu connue et se jette dans la mer de Beering.

L'Amérique méridionale n'a de grands fleuves que sur le versant oriental; on y remarque :

La *Madeleine* ;

L'*Orénoque* ;

Le fleuve des *Amazones*, ou simplement l'*Amazone*, appelé aussi *Marañon* ;

Le *Tocantins* ;

Le *Sao-Francisco* ;

Le *rio de la Plata*, fleuve très-large, mais peu long, qui est formé par la réunion du *Parana* et de l'*Uruguay* ; le Parana se grossit lui-même du *Paraguay*.

Le principal de tous ces fleuves de l'Amérique méridionale est l'*Amazone*, qui a environ 5000 kilomètres de cours : c'est le fleuve le plus large du globe. Mais le plus long de tous est le *Mississipi*, joint au *Missouri* : ces deux cours d'eau forment ensemble un fleuve de plus de 7000 kilomètres de longueur.

Lacs. — L'Amérique septentrionale est le pays du monde où l'on trouve le plus de lacs.

Le lac des *Montagnes*, le Grand lac des *Esclaves* et le Grand lac des *Ours* s'écoulent dans l'océan Glacial par le Mackenzie.

Le lac *Ouinipeg* s'écoule dans la mer d'Hudson.

Le lac *Supérieur*, le plus grand de l'Amérique, et les lacs *Huron*, *Michigan*, *Érié* et *Ontario*, s'écoulent dans l'Atlantique par le fleuve Saint-Laurent.

Le lac Érié se verse dans le lac Ontario par la rivière *Niagara*, qui forme une cataracte célèbre.

Dans la partie de l'Amérique qui est resserrée entre la mer des Antilles et le Grand Océan, on voit le lac de *Nicaragua* ; il s'écoule dans la mer des Antilles par la rivière *San-Juan*, et l'on a le projet de le faire communiquer au Grand Océan par un canal.

Dans l'Amérique méridionale, sont trois grands lacs :

Le lac de *Maracaibo*, joint à la mer des Antilles par un détroit.

Le lac *dos Patos* ou des *Oies*, sur la côte S. E. de ce Amérique, et très-près de l'océan Atlantique.

Le lac *Titicaca* ou *Chucuyto*, à l'O., sur un plateau des Andes.

CONTRÉES PRINCIPALES DE L'AMÉRIQUE DU NORD.

L'Amérique du Nord comprend 5 divisions : le *Groenland*, l'*Amérique du Nord anglaise*, les *États-Unis*, le *Mexique* et l'*Amérique centrale*.

Le **Groenland** est un pays très-froid, dont on ne connaît pas les limites au N., ni une grande partie de l'intérieur ; il est composé d'une île ou de plusieurs îles. Il y a des colonies danoises sur la côte occidentale. Les indigènes sont les *Eskimaux* ou *Huskis*, peuple de très-petite taille.

A l'E. du Groenland, on trouve l'*Islande*, qui appartient au Danemark ; on y voit aussi l'archipel inhabité du *Spitzberg*, qui est couvert de rochers et de glaces, et près duquel on fait une abondante pêche de baleines. Cet archipel peut être rattaché à l'Europe aussi bien qu'à l'Amérique, et se trouve au N. de la *Scandinavie*, dont on le considère comme une dépendance.

L'**Amérique du Nord anglaise** s'étend depuis l'océan Atlantique jusqu'au Grand Océan. Elle renferme au N. beaucoup d'îles et de presqu'îles, qui sont très-froides et très-peu connues.

A l'E., elle comprend l'important pays du *Canada*, qui a longtemps appartenu à la France, mais qui est aujourd'hui aux Anglais. Les villes principales sont : *Ottawa*, capitale ; *Québec* et *Montréal*, sur le Saint-Laurent ; *Toronto*, sur le lac Ontario.

A l'E. encore, on remarque le *Nouveau-Brunswick* et la *Nouvelle-Écosse*, qui a pour capitale *Halifax*.

Devant le golfe Saint-Laurent, se trouvent les îles du *Prince-Édouard* et de *Cap-Breton*, et l'île de *Terre-Neuve*. Le *grand banc de Terre-Neuve*, qui s'étend à l'E. et au S. de cette dernière, est célèbre par la pêche à la morue.

Au N. E., l'Amérique anglaise renferme le *Labrador*.

Dans l'intérieur du continent, la province de *Manitoba*.

Sur le Grand Océan est la *Colombie britannique*, où se trouvent des mines d'or.

Port de la Nouvelle-Orléans.

En face, s'étend l'île de *Vancouver*, qui est une colonie anglaise florissante.

La plus grande partie de l'Amérique anglaise forme une confédération qu'on nomme *confédération Canadienne* (en anglais *Dominion of Canada*).

Un grand nombre de peuplades indigènes habitent l'Amérique du Nord anglaise : tels sont les *Eskimaux*, les *Algonquins*, les *Iroquois* (aujourd'hui presque éteints).

Les **États-Unis** occupent le milieu et la partie la plus tempérée de l'Amérique septentrionale, depuis l'océan Atlantique et le golfe du Mexique jusqu'au Grand Océan. Ils forment une république, composée de 38 États confédérés.

La civilisation y est très-avancée, et il s'y trouve un grand nombre de villes florissantes.

En suivant la côte de l'océan Atlantique et ensuite celle du golfe du Mexique, on remarque surtout les États de *Maine*, de *Massachusetts*, de *New-York*, de *Pennsylvanie*, de *Maryland*, de *Virginie*, de la *Caroline du Nord*, de la *Caroline du Sud*, de *Georgie*, de *Floride*, d'*Alabama*, de *Mississipi*, de *Louisiane* et de *Texas*.

Dans l'intérieur, on distingue les États d'*Ohio*, de *Kentucky*, de *Tennessee*, d'*Indiana*, d'*Illinois*, de *Missouri*, etc.

A l'O., l'État de *Californie*, riche en mines d'or ; celui de *Nevada*, riche en mines d'argent.

On voit aussi, à l'O., le territoire du *Nouveau-Mexique*.

On parle anglais dans une grande partie des États-Unis, car les plus anciens de ces États ont été, dans l'origine, des colonies anglaises.

La capitale est WASHINGTON, sur le Potomac.

Les autres villes les plus remarquables sont :

A l'E., *Boston*, *New-York*, port célèbre et la plus grande ville de l'Amérique (ayant, avec *Brooklyn*, 1 400 000 hab.) ; *Philadelphie*, *Baltimore*, *Richmond*, *Charleston*, toutes vers l'océan Atlantique.

Au S., la *Nouvelle-Orléans*, dans la Louisiane, sur le Mississipi, près du golfe du Mexique.

Au centre, *Saint-Louis*, vers le confluent du Mississipi et du Missouri ; — *Cincinnati* et *Louisville*, sur l'Ohio ; — *Chicago*, sur le lac Michigan.

A l'O., *San-Francisco*, dans la Californie.

Les États-Unis possèdent encore le *territoire d'Alaska*, qui s'avance en face de l'Asie, vers le détroit et la mer de Beering. C'est la ci-devant *Russie américaine*, cédée par les Russes aux États-Unis en 1867. On n'en connaît à peu près que les côtes, qui sont généralement froides et tristes.

La grande chaîne des îles *Aléoutiennes* se prolonge au S. O. de ce pays, jusque dans le voisinage du Kamtchatka.

Le **Mexique** est un beau pays, situé au S. des États-Unis, entre le golfe du Mexique et le Grand Océan.

Il appartenait autrefois à l'Espagne ; c'est aujourd'hui une république.

On y trouve les mines d'argent les plus riches du globe. Il y a aussi d'importantes mines d'or, et beaucoup d'acajou, de bois de teinture, de vanille, de cacao, de bananiers, de nopal à cochenille.

La capitale est MEXICO.

Autres villes principales : *Vera-Cruz* et *Campêche*, sur le golfe du Mexique ; *Puebla* et *Guadalaxara*, dans l'intérieur.

La presqu'île de *Californie*, à l'O., et celle de *Yucatan*, à l'E., sont comprises dans le Mexique.

On remarque, dans le Yucatan et dans d'autres parties du S. E. du Mexique, d'anciens monuments très-beaux et très-vastes, qui ont été construits, longtemps avant la découverte de Colomb, par un peuple inconnu.

L'**Amérique centrale** est une contrée longue et étroite, très-belle aussi et renfermée entre le Grand Océan et la mer des Antilles ; elle est située très-avantageusement pour les communications qu'on pourra établir d'un océan à l'autre par des canaux et des chemins de fer.

Elle se compose de cinq républiques :

Le *Guatémala*, avec une capitale de même nom.

Le *Salvador*, capitale SAN-SALVADOR.

Le *Honduras*, capitale COMAYAGUA.

Le *Nicaragua*, capitale MANAGUA.

Le *Costa-Rica*, capitale SAN-JOSE.

CONTRÉES DE L'AMÉRIQUE DU SUD

L'Amérique du sud comprend 12 contrées :

La première qu'on trouve en entrant dans cette Amérique, est la républiqne de la **Nouvelle-Grenade** ou des **Etats-Unis de Colombie**, ancienne colonie espagnole, qui contient au N. O. le double isthme de Panama et de Darien, et qui est baignée à la fois par le Grand Océan et la mer des Antilles. Elle est traversée par la Cordillère des Andes ; les côtes en sont très-chaudes et peu salubres, mais l'intérieur a des plateaux tempérés et sains.

La capitale est BOGOTA. ⸗ Autres villes principales : *Carthagène*, au N. ; — *Panama*, au N. O., sur la côte méridionale de l'isthme de même nom, à l'extrémité d'un chemin de fer qui traverse cet isthme.

A l'E. de cette république, se trouve celle de **Vénézuéla**, sur la mer des Antilles et sur les bords de l'Orénoque ; c'est aussi une ancienne colonie espagnole. La capitale est CARACAS. ⸗ Autres villes : *Maracaïbo, Ciudad-Bolivar.*

Il y a quatre contrées situées sur l'océan Atlantique, dans le N. E., l'E. et le S. E. de l'Amérique du Sud : la *Guyane*, le *Brésil*, l'*Uruguay* et la *confédération Argentine.*

La **Guyane** comprend : la **Guyane anglaise**, capitale *Georgetown* ou *Démérara* ; — la **Guyane hollandaise**, capitale *Paramaribo* ; la **Guyane française**, capitale *Cayenne.*

Il y a, en outre, une **Guyane vénézuélienne**, dans le S. du Vénézuéla ; et une **Guyane brésilienne**, dans le N. du Brésil.

Le **Brésil** est un empire très-vaste, très-beau, riche en plantes et en mines de toutes sortes, et qui occupe le centre et l'E. de l'Amérique méridionale, dans les bassins de l'Amazone, du Sao-Francisco et du Parana. Il a longtemps appartenu au Portugal.

La capitale est RIO-DE-JANEIRO, sur une baie de même nom ; ville de 450 000 habitants, la plus grande de l'Amérique du Sud. — On y remarque aussi *Sao-Salvador* ou *Bahia, Pernambouc* et *Para*, ports très-commerçants.

La république de l'**Uruguay**, placée à l'E. de la rivière Uruguay et au N. du rio de la Plata, a pour capitale MON-TÉVIDÉO, sur le rio de la Plata.

La **confédération Argentine**, ou **confédération de la Plata**, qui s'étend depuis l'embouchure du rio de la Plata, jusqu'aux Andes, a un climat salubre et un sol très-riche. La capitale est BUENOS-AYRES, sur le rio de la Plata. Autres villes : *Rosario, Santa-Fé, Parana.*

Dans l'intérieur, se trouve la république du **Paraguay**, très-beau pays, situé entre le Parana et le Paraguay ; la capitale est l'ASSOMPTION.

A l'O., vers le Grand Océan, sont quatre républiques, qui out été des possessions espagnoles.

L'une est la république de l'**Équateur**, couverte par une des parties les plus élevées des Andes ; elle a pour capitale QUITO, sur une haute montagne, et pour autre ville impor-ante *Guayaquil*, port, sur un fleuve qui se jette dans l'océan Pacifique.

La seconde est le **Pérou**, traversé par les Andes et qui renferme les sources de l'Amazone. LIMA, près de l'océan, en est la capitale ; *Cuzco*, la seconde ville.

Ensuite on remarque la **Bolivie**, couverte aussi par les Andes, qui y sont très-élevées.

La capitale est CHUQUISACA, LA PLATA ou SUCRÉ.

Autres villes remarquables : *Potosi*, célèbre par ses mines d'argent ; et *la Paz*, par ses mines d'or.

Le **Chili**, long et étroit, est resserré entre le Grand Océan et les Andes. Il a un sol très-fertile et un climat très-doux, mais il est exposé aux éruptions des volcans et aux tremble-ments de terre.

La capitale est SANTIAGO. Autre ville importante, *Valpa-raiso*, port très-commerçant.

La grande île de *Chiloé* est située au sud de cette répu-blique et en dépend.

A 650 kilomètres à l'ouest du Chili, se trouvent les îles de *Juan-Fernandez*, sur l'une desquelles fut abandonné, en 1709, le marin écossais Alexandre Selkirk, dont les aventures ont fourni le sujet de l'ouvrage de *Robinson Crusoé*.

La **Patagonie**, à l'extrémité méridionale de l'Amérique,

est resserrée entre le Grand Océan et l'océan Atlantique ; c'est un pays triste et froid, habité par des peuples sauvages qu'on nomme *Patagons*, et qui sont célèbres par leur taille élevée.

Au S. de la Patagonie, se trouve l'archipel de la *Terre de Feu*, séparé du continent par le détroit de Magellan.

A l'E., on rencontre les îles *Malouines* ou *Falkland*, où les Anglais ont un établissement.

Fort loin au S. des îles Malouines et de la Terre de Feu, se trouvent quelques terres couvertes de glaces et que l'on connaît peu : tels sont les archipels des *Orcades méridionales* et du *Nouveau-Shetland méridional.*

ÎLES ANTILLES.

Entre l'Amérique du Nord et l'Amérique du Sud, sont les *Antilles*, appelées aussi *Indes occidentales* ; elles se trouvent devant le golfe du Mexique et la mer des Antilles.

On les partage en 4 divisions principales :

1° Au N., les îles **Lucayes** ou **Bahama**, qui appartiennent aux Anglais : ce sont les premières terres d'Amérique que vit Christophe Colomb en 1492.

2° Au milieu, les **Grandes Antilles**, c'est-à-dire *Cuba*, *Haïti*, la *Jamaïque* et *Puerto-Rico*.

Cuba, magnifique île, la plus grande des Antilles, et allongée de l'O. à l'E., est soumise à l'Espagne ; elle a pour capitale *la Havane.*

Haïti ou *Saint-Domingue*, autre île très-belle, forme deux divisions distinctes ; à l'O., la république d'HAÏTI, qui est une ancienne possession française, et qui a pour capitale *Port-au-Prince ;* — à l'E., la république DOMINICAINE, qui est une ancienne colonie espagnole, et dont la capitale est *Saint-Domingue.*

La *Jamaïque* appartient aux Anglais.

Puerto-Rico est aux Espagnols.

3° A l'E., se trouvent les **Petites Antilles**, qui forment une longue chaîne dirigée du N. au S. On les appelle quelquefois **îles Caraïbes**, à cause des peuples de ce nom qui les habitaient anciennement ; souvent aussi on les nomme **îles du**

Vue générale de la Havane.

Vent, parce qu'elles sont exposées aux vents alizés ou vents de l'E., qui soufflent constamment dans ces parages. — La plupart de ces îles sont très-fertiles et d'un bel aspect; on y récolte surtout du sucre, du café et du coton.

Les plus importantes sont la Guadeloupe et la Martinique, qui appartiennent à la France; Antigoa, la Dominique, Sainte-Lucie, Saint-Vincent, la Barbade, la Grenade, Tabago et la Trinité, qui dépendent de l'Angleterre.

4° Au S., on remarque les îles sous le Vent, très-voisines de l'Amérique méridionale; les principales sont la Marguerite, au Vénézuéla, et Curaçao, aux Hollandais.

POPULATION.

La population de l'Amérique est de 85 millions d'habitants; c'est la partie du monde la moins peuplée en proportion de l'étendue.

Une grande partie de cette population est d'origine européenne : ce sont surtout les Espagnols, les Français, les Anglais et les Portugais qui ont conquis et peuplé le Nouveau Monde.

Il y a aussi en Amérique beaucoup des nègres, d'origine africaine; quelques-uns sont encore esclaves, dans les colonies espagnoles, mais la plupart sont libres.

On nomme mulâtres les personnes qui sont nées de blancs et de nègres, et quarterons celles qui sont nées de blancs et mulâtres. On donne le nom de gens de couleur aux nègres, aux mulâtres, aux quarterons et à tous ceux enfin qui ont plus ou moins de sang nègre.

Les indigènes américains sont appelés Indiens, parce qu'à l'époque de la découverte de l'Amérique on les prit pour des habitants des îles de l'Inde les plus avancées vers l'E. Ces indigènes sont en général grands et bien proportionnés. Ils ont la peau d'un rouge de cuivre ou d'un jaune rougeâtre, quelquefois d'un brun olivâtre; ils ont les cheveux noirs, lisses et durs, et peu de barbe. La plupart ne composent que de petites peuplades sauvages et plongées dans les superstitions du fétichisme.

Le christianisme est répandu chez les autres populations de l'Amérique.

GÉOGRAPHIE COMMERCIALE. — PRINCIPAUX OBJETS D'ÉCHANGE AVEC L'EUROPE.

Voici les principales productions de l'Amérique, en grande partie exportées en Europe :

Minéraux. — Or (Californie, etc.), argent (Nevada, Mexique, etc.); platine (Amérique du Sud), fer, mercure, cuivre, plomb, cobalt, antimoine, nickel, soufre, salpêtre; diamants (Brésil), émeraudes, topazes, tourmalines; pétrole, anthracite, houille, glace.

Productions végétales. — *Comestibles.* — Froment, riz, maïs, sucre brut, café, cacao, manioc; oranges, citrons, grenades, ananas; ignames, patates douces, piment, sapotes, goyaves, bananes, maté (ou thé du Paraguay), arrow-root, vanille, cannelle, girofle et autres épices. (De l'Amérique est sortie la pomme de terre.)

Plantes médicinales. — Quinquina, ipécacuanha, jalap, gaïac, copahu, sang-dragon, salsepareille, baume de Tolu.

Plantes industrielles. — Coton, agavé, caoutchouc, diverses plantes à nattes; bois de Campêche, brésil ou brésillet; orseille, fustet, indigo, et autres plantes à teinture. Cire de palmier. Tabac. Acajou, palissandre, ébène, érable, chêne, cèdre, sapin, pin, et autres *bois de construction et d'ébénisterie.*

Productions animales. — Bœufs, chevaux, porcs, moutons, lamas; viandes séchées, produits de la pêche de la morue, du hareng, de la baleine, du narval, des phoques, des morses;

Peaux de bœuf, de bison, d'ours, de castor, de martre, de rat musqué, de loutre, de loup, d'ours, de lynx, de chinchilla, etc.; maroquins, laines de vigogne, d'alpaca et de mouton; plumes d'autruche;

Cochenille du nopal, tortues et écailles de tortue, perles et nacre de perles, guano.

L'Amérique a fourni primitivement le dindon et le canard musqué.

Produits fabriqués. — Farines; étoffes de coton et de

laine, chapeaux panamas, nattés, tapis; bougies stéariques, savons; rhum, curaçao et autres liqueurs;

Machines à coudre, machines à vapeur, machines agricoles;

Papiers, métaux travaillés, bois travaillés; cuirs, chaussures, poteries.

L'Amérique **reçoit de l'Europe :**

Soieries, lainages, tissus de coton, vêtements confectionnés;

Vins et liqueurs, farines, conserves;

Quincaillerie, bijouterie, horlogerie; parfumerie, meubles, objets de luxe et de modes, mercerie, éventails, tabletterie; bronzes, chaussures, porcelaine, verres et cristaux, faïence;

Ouvrages en peau et en cuir; papeterie, librairie, instruments de science; papiers peints, produits chimiques, chapellerie;

Machines, armes, houille.

VIII

OCÉANIE

—

SITUATION ET GRANDES DIVISIONS DE L'OCÉANIE.

L'Océanie, appelée aussi *Monde Maritime*, est située au S. E. de l'Asie et à l'O. de l'Amérique; elle se compose du continent de l'Australie et d'un grand nombre d'îles.

Toutes ces terres sont répandues dans le Grand Océan, ou entre cet océan et l'océan Indien.

C'est la partie du monde qui embrasse le plus vaste espace; mais une étendue considérable de cet espace est occupée par la mer. En réalité, la surface des terres de l'Océanie égale à peu près celle de l'Europe; cependant la population y est bien moins considérable, car elle s'élève à peine à 35 millions d'habitants.

On partage l'Océanie en quatre divisions : là *Malaisie*, à l'O. ; — la *Mélanésie*, au S. O. ; la *Micronésie*, au N. ; — la *Polynésie*, à l'E.

MALAISIE.

La *Malaisie* est ainsi appelée des Malais, qui en forment la population principale ; elle se nomme quelquefois aussi *Archipel Asiatique* ou *Archipel Indien*. L'équateur la traverse.

On y remarque cinq parties principales : les îles de la Sonde, l'île de *Bornéo*, l'île de *Célèbes*, les îles *Moluques* et les îles *Philippines*.

Les îles de la **Sonde** forment une longue chaîne dirigée du N. O. au S. E. — Les plus considérables sont *Sumatra*, *Java* et *Timor*. Les Hollandais ont d'importantes possessions dans ces îles, surtout à Java, qui est très-peuplée et très-riche en productions variées, comme le sucre, le coton, le café, le fruit à pain, etc.— C'est dans cette dernière île que se trouve BATAVIA, chef-lieu de leurs établissements dans l'Océanie.

Bornéo, située sous l'équateur et d'une forme presque ronde, est la plus grande île de la *Malaisie* ; elle est partagée entre les chefs indigènes et les Hollandais. La ville principale de l'île est *Bornéo*, résidence d'un sultan. — Il y a dans ce pays de célèbres mines de diamants.

L'île de **Célèbes** est remarquable par sa forme très-irrégulière, par sa magnifique végétation et par ses mines d'or. Les Hollandais en possèdent une grande partie.

Les **Moluques**, ou **îles aux Épices**, appartiennent aussi en grande partie aux Hollandais. Elles produisent en abondance les clous de girofle et les muscades. Les principales sont *Gilolo*, *Céram* et *Amboine*.

Les îles **Philippines**, très-bel archipel, forment la partie la plus septentrionale de la *Malaisie*. Les principales de ces îles, presque entièrement au pouvoir des Espagnols, sont *Luçon* et *Mindanao*. — MANILLE, dans l'île de Luçon, est la capitale de leur colonie des Philippines.

MÉLANÉSIE.

Le nom de *Mélanésie* indique que la population de cette partie de l'Océanie est composée de *noirs*.

La terre principale de la Mélanésie est l'**Australie** ou **Nouvelle-Hollande**. Elle forme un continent, long de 4500 kilomètres et large de 2000 ; son étendue peut être comparée aux trois quarts de l'Europe.

Elle appartient à l'Angleterre.

Il y a sur la côte N. le golfe de *Carpentarie*.

Le cap *York* est le point le plus septentrional de l'Australie, et le cap *Wilson*, le point le plus méridional.

On remarque, à l'E. et au S. E., les montagnes *Bleues* et les *Alpes Australiennes* ; au S., le fleuve *Murray* et les lacs *Eyre* et *Torrens* ; au N., le fleuve *Victoria*.

On ne connaît presque pas l'intérieur du pays.

Les régions les plus importantes de ce continent sont :

1° La *Nouvelle-Galles méridionale*, dont la capitale est SYDNEY ;

2° La province de *Victoria*, la plus favorisée par la douceur du climat, et la plus peuplée par les colons européens ; elle possède de très-riches mines d'or et des cultures florissantes. Elle a pour capitale MELBOURNE, la plus grande ville de l'Australie ;

3° Le *Queensland*, capitale BRISBANE ;

4° L'*Australie du Sud*, capitale ADÉLAÏDE ;

5° L'*Australie de l'Ouest*, capitale PERTH.

L'Australie a un climat salubre et tempéré ; les productions de l'Europe, entre autres le blé, la vigne, les chevaux, les bœufs et les moutons, y réussissent parfaitement.

Les indigènes sont de misérables populations noires, divisées en familles éparses, tout à fait sauvages.

Au S. E. de l'Australie, est la grande île de **Tasmanie** ou de **Diemen**, qui appartient aussi aux Anglais.

La **Nouvelle-Guinée** ou **Terre des Papous**, est une belle et grande île, située au N. de l'Australie, dont elle est séparée par le détroit de *Torrès* ; les Hollandais en possèdent une partie. Elle se termine, au S. E., par la *Louisiade*, qui se compose d'une longue presqu'île accompagnée d'îles.

Près et à l'E. de la Nouvelle-Guinée, est l'archipel de la **Nouvelle-Bretagne.**

Dans la partie la plus orientale de la Mélanésie, on trouve les îles **Salomon ;** — l'archipel de **Santa-Cruz** ou de **La**

Nouvelle-Calédonie.

Pérouse, où le grand navigateur de ce nom a péri par un naufrage ; — les **Nouvelles-Hébrides** ou l'archipel du **Saint-Esprit ;** — la **Nouvelle-Calédonie,** que la France possède ; — les îles **Viti** ou **Fidji,** qui appartiennent à l'Angleterre.

Toutes les terres de la Mélanésie sont environnées de récifs dangereux, formés de corail.

MICRONÉSIE

Dans le nord de l'Océanie, se trouve la *Micronésie*, dont le nom signifie *petites îles.*

Cette division comprend six archipels :

Au N., l'archipel de **Magellan.**

Au milieu, les îles **Mariannes,** autrefois îles des *Larrons,* formant une longue chaîne, alignée du N. au S. ; elles appartiennent aux Espagnols.

Au S., les îles **Palaos** et les îles **Carolines.**

A l'E., les archipels **Marshall** et **Gilbert.**

POLYNÉSIE

La partie orientale de l'Océanie forme la *Polynésie*, dont le nom veut dire *beaucoup d'îles.*

Cette division est traversée par l'équateur. Elle ne renferme qu'un seul archipel au N. de ce cercle : c'est l'archipel **Sandwich** ou **Havaii,** dont l'île principale s'appelle aussi *Havaii.* Les habitants de ces îles sont aujourd'hui chrétiens et assez avancés dans la civilisation.

Au sud de l'équateur, on remarque :

Les îles **Samoa** ou des **Navigateurs.**

Les îles **Tonga** ou des **Amis.**

Les îles **Manaïa**, de **Cook** ou d'**Hervey.**

Les îles **Tahiti** ou de la **Société**, dont la principale est *Tahiti,* soumise au protectorat de la France, ainsi qu'une autre île de l'archipel.

Les îles de **Toubouaï,** dont deux reconnaissent aussi ce protectorat.

L'archipel **Touamotou** ou des **îles Basses,** parsemé de beaucoup de récifs très-dangereux, et dont font partie les îles *Gambier* ou *Mangaréva.* Il est sous le protectorat de la France.

L'archipel de **Mendaña** ou des **îles Marquises,** qui appartient à la France, et dont l'une des principales îles est *Noukahiva.*

L'île de **Pâques**, située dans la partie la plus orientale de l'Océanie.

La **Nouvelle-Zélande**, importante possession anglaise, composée de trois îles principales, dont les deux plus grandes sont séparées l'une de l'autre par le détroit de Cook. *Wellington* est la capitale, et *Auckland* le port principal de cette colonie, qui a de riches mines d'or, beaucoup de troupeaux, et où la civilisation européenne a fait des progrès remarquables, malgré la vive résistance des indigènes.

L'archipel **Chatham** ou **Broughton**, aux Anglais; l'archichel **Auckland**, à la même nation.

L'archipel **Macquarie**, autre possession anglaise.

Au S. E. de la Nouvelle-Zélande, on trouve, dans la mer, les *antipodes* de Paris, c'est-à-dire le point absolument opposé à Paris.

TERRES ANTARCTIQUES DE L'OCÉANIE.

On rattache à l'Océanie, dans l'océan Glacial du Sud, quelques *régions antarctiques*, couvertes de glaces et de neiges : ce sont principalement les *Terres Adélie* et *Victoria.*

POPULATION DE L'OCÉANIE.

Les 35 millions d'habitants de l'Océanie se composent, à l'O., de *Malais*; au N. et à l'E., dans la Micronésie et la Polynésie, de peuples de couleur brunâtre et bien conformés, composant la *race polynésienne;* — au S., dans la Mélanésie, de *noirs*, assez différents des nègres d'Afrique, surtout par leur chevelure, qui n'est pas laineuse, mais plutôt en forme de brosse, et par leur nez plutôt anguleux qu'épaté. — Il y a un assez grand nombre de *blancs* (Européens) dans la Malaisie, l'Australie, la Tasmanie, la Nouvelle-Zélande, la Nouvelle-Calédonie, les îles Tahiti et les îles Havaï.

Beaucoup de populations de l'Océanie sont tout à fait sauvages. Mais plusieurs sont intelligentes et propres à recevoir la civilisation, qui est assez avancée dans quelques îles ; dans d'autres, les mœurs sont féroces, et il y a plusieurs peuplades anthropophages. Les Polynésiens se couvrent la peau d'un tatouage curieux.

La religion musulmane domine parmi les indigènes de la Malaisie ; ceux des autres parties sont fétichistes ou chrétiens.

GÉOGRAPHIE COMMERCIALE. — PRODUCTIONS DE L'OCÉANIE, EN GRANDE PARTIE EXPORTÉES EN EUROPE

Minéraux. — Or, argent, cuivre, fer, étain, diamants (de Bornéo).

Végétaux. — *Comestibles, etc.* — Riz, sagou, café, canne à sucre, bananes, ananas, mangues, fruit à pain, cocos et autres produits des palmiers ; poivre, muscade, girofle et autres épices ; thé, myrte à thé.

Produits médicinaux. — Gingembre, camphre, sang-dragon, strychnos.

Plantes industrielles. — Coton, phormium, indigo, gutta-percha. Tabac.

Bois de construction, d'ébénisterie et ododiférants. — Ébène, eucalyptus, bambous, sandal.

Productions animales. — Bœufs, moutons et chevaux de l'Australie et de la Nouvelle-Zélande, laine renommée des mêmes pays. Tortues et écailles de tortue ; pêche de la baleine et du cachalot, ivoire, nids d'hirondelle.

PRODUITS FOURNIS PAR L'EUROPE A L'OCÉANIE. — L'Océanie reçoit de l'Europe : soieries, tissus de laine et de coton, vêtements confectionnés.

Métaux ouvrés, armes, poterie, verrerie.

Vins et liqueurs, sucre raffiné.

Bijouterie, horlogerie, meubles, articles de Paris (objets de luxe et de modes, passementerie, éventails, etc.).

EUROPE

GÉOGRAPHIE PHYSIQUE

IX

SITUATION GÉNÉRALE, CONTOUR.

Situation et limites. — L'EUROPE , placée dans le N. O. de l'Ancien continent, est à l'O. de l'Asie et au N. de l'Afrique, et s'étend du 35ᵉ au 71ᵉ degré de latitude N. (sans la Nouvelle-Zemble et le Spitzberg).

Elle compose une grande presqu'île, d'une forme très-irrégulière, allongée du N. E. au S. O., s'amincissant dans cette dernière direction, et tenant au reste du continent par deux côtés : à l'E., par le territoire sur lequel se trouvent les monts *Ourals* et le fleuve *Oural*, et qui s'étend entre la mer Caspienne et l'océan Glacial arctique ; au S. E., par l'isthme du mont *Caucase*, entre la mer Caspienne et la mer Noire.

Dans toutes les autres directions, l'Europe est entourée par la mer.

Au N., elle est bornée par l'océan *Glacial arctique* ; à l'O. , par l'océan *Atlantique* ; au S., par la *Méditerranée*.

La mer *Caspienne* est, au S. E., une assez grande partie de sa limite.

Mers et Golfes. — L'océan Glacial arctique forme mer de *Kara* et la mer *Blanche*.

L'océan Atlantique forme la mer *Baltique*, le *Cattégat*, la mer du *Nord*, la *Manche*, la mer d'*Irlande* et la mer de *France*, appelée aussi golfe de *Gascogne* ou mer de *Biscaye*.

On remarque, dans la mer Baltique, les golfes de *Botnie*, de *Finlande* et de *Livonie*.

Dans la mer du Nord, est le golfe de *Zuider-zée*. — Au S. O. de la Grande-Bretagne, se trouve celui qu'on appelle canal de *Bristol*.

La mer Méditerranée comprend la mer *Tyrrhénienne*, la mer *Adriatique*, la mer *Ionienne*, l'*Archipel* (anciennement mer Égée), la mer de *Marmara*, la mer *Noire* (anciennement Pont Euxin) et la mer d'*Azov*. — On distingue, dans la Méditerranée les golfes du *Lion* et de *Gênes* ; dans la mer Ionienne, les golfes de *Tarente* et de *Lépante* ; et dans l'Archipel, le golfe de *Salonique*.

Détroits. — Les détroits du *Sund*, du *Grand Belt* et du *Petit Belt*, le *Cattégat* et le détroit du *Skager-Rack* font communiquer la mer Baltique à la mer du Nord.

Le *Pas de Calais* unit la mer du Nord à la Manche.

Le canal du *Nord* et le canal *Saint-George* unissent la mer d'Irlande à l'océan Atlantique.

L'océan Atlantique est joint à la Méditerranée par le détroit de *Gibraltar*.

Le détroit appelé *Phare de Messine*, entre l'Italie et la Sicile, unit la mer Tyrrhénienne à la mer Ionienne.

Le canal d'*Otrante* unit la mer Adriatique à la mer Ionienne ; — le détroit des *Dardanelles* (anciennement *Hellespont*), l'Archipel à la mer de Marmara ; — le canal de *Constantinople* (anciennement *Bosphore de Thrace*), la mer de Marmara à la mer Noire ; — le détroit d'*Iénikalé* ou de *Kertch* (anciennement *Bosphore Cimmérien*), la mer Noire à la mer d'Azov.

Presqu'îles et Isthmes. — Les côtes de l'Europe sont très-irrégulières, et forment beaucoup de presqu'îles :

Au N., on remarque la péninsule *Scandinave* et la péninsule *Cimbrique*, qui s'avancent l'une en face de l'autre, à l'O. de la mer Baltique. La première est jointe au continent, vers le N. E., par l'isthme de *Laponie*. Le N. de la péninsule Cimbrique forme la presqu'île de *Jutland*.

A l'extrémité S. O. de l'Europe, est la péninsule *Hispanique*, qui tient à la France par l'isthme des *Pyrénées*.

Au S., on voit la péninsule d'*Italie*, qui a grossièrement la forme d'une botte, et qui se termine au S. par les presqu'îles de *Calabre* et d'*Otrante*.

On trouve encore au S. la péninsule *Turco-Hellénique*, dont l'extrémité méridionale est la presqu'île de *Morée*, appelée anciennement *Péloponèse* et jointe au continent par l'isthme de *Corinthe*.

Au S. E., entre la mer d'Azov et la mer Noire, est renfermée la presqu'île de *Crimée*, jointe au continent par l'isthme de *Pérékop*.

Iles. — Il y a en Europe un grand nombre d'îles :

Dans l'océan Glacial, on voit la *Nouvelle-Zemble*, pays peu connu, très-froid et inhabité. — Loin au N. de cette contrée, on vient de découvrir une région glacée qui a été nommée *Terre de François-Joseph*. — On remarque, au S. et au S. O. de la Nouvelle-Zemble, les îles de *Vaïgatch* et de *Kolgouev*.

Sur la côte N. O. de la péninsule Scandinave, on rencontre les îles *Lofoden*.

Dans l'Atlantique, vers le N. O. de l'Europe, se trouve la *Grande-Bretagne*, qui est l'île la plus considérable de cette partie du monde. — Un peu à l'O., est l'*Irlande*.

A côté de ces deux îles, sont les groupes des *Hébrides*, des *Orcades* et de *Shetland*, et les îles de *Man*, d'*Anglesey* et de *Wight*, qui composent, avec la Grande-Bretagne et l'Irlande, l'archipel des îles *Britanniques*.

Dans la Manche, sont les îles *Anglo-Normandes*, dont la plus grande est *Jersey*.

Loin dans le N. O., on voit les îles *Færœer*, et enfin l'*Islande*, grande île très-froide, plus voisine de l'Amérique que de l'Europe.

A une grande distance au N. de la péninsule Scandinave, se rencontre l'archipel glacial et inhabité du *Spitzberg*, qu'on peut rattacher à l'Europe, quoiqu'on le place quelquefois parmi les terres américaines.

Entre le Cattégat et la mer Baltique, se trouve l'archipel *Danois*, dont les principales îles sont *Seeland* et *Fionie*.

Dans la mer Baltique, sont les îles suédoises d'*OEland* et de *Gottland*, et les îles russes d'*Aland*, de *Dâgo* et d'*OEsel*.

Dans la Méditerranée, on remarque, à l'E. de la péninsule Hispanique, les îles *Baléares*, dont les trois plus grandes sont *Majorque*, *Minorque* et *Ivice*.

Près de l'Italie, sont les grandes îles de *Sicile*, de *Sardaigne* et de *Corse*, les îles *Lipari*, l'île d'*Elbe* et celle de *Malte*.

Dans la partie orientale de la mer Adriatique, est l'archipel *Dalmate-Illyrien*.

Près et à l'O. de la péninsule Turco-Hellénique, on remarque les îles *Ioniennes*, dont les principales sont *Corfou* et *Céphalonie*. A l'est de la même péninsule, on trouve dans l'Archipel un très-grand nombre d'îles, dont les plus importantes sont *Négrepont* et les *Cyclades*; au S. E., est *Candie* (anciennement *Crète*), qui est la terre la plus méridionale de l'Europe.

Caps. — Le cap le plus septentrional de l'Europe continentale est le *Nordkyn*, dans la Scandinavie; mais, plus au N. encore, dans une des îles Lofoden, on voit le cap *Nord*.

A l'extrémité S. O. de la Grande-Bretagne, est le cap *Land's End* ou *Finisterre*. — A l'extrémité occidentale de la France, se trouve la pointe de *Corsen*, dans le département du *Finisterre*. — A l'extrémité N. O. de la péninsule Hispanique, on voit le cap nommé aussi *Finisterre*. — Vers l'extrémité S. O. de cette péninsule, est le cap *Saint-Vincent*. — La pointe de *Tarifa* et le promontoire de *Gibraltar* se trouvent à l'extrémité S. de la même péninsule, et sont les points les plus méridionaux de la partie continentale de l'Europe.

A l'extrémité S. de la Morée, on remarque le cap *Matapan*.

Étendue. — L'Europe a 5400 kil. de longueur, du N. E. au S. O., depuis l'embouchure de la rivière Kara dans la mer de même nom jusqu'au cap Saint-Vincent; elle a 4000 kil. de largeur, du cap Nord au cap Matapan.

La superficie de cette partie du monde es de 10 200 000 kil. carrés.

X

ASPECT GÉNÉRAL DU SOL.

GRANDS VERSANTS ET GRANDE LIGNE DE PARTAGE DES EAUX, MONTAGNES.

Aspect général. — Les plus hautes montagnes sont vers le centre et le sud; les pays de l'E. et ceux qui bornent la mer du Nord et la Baltique sont composés de grandes plaines.

Grands versants et grande ligne de partage des eaux. — L'Europe est divisée en deux versants : celui du N. et du N. O., incliné vers l'océan Glacial et l'océan Atlantique; et celui du S. et du S. E., incliné vers la mer Méditerranée et la mer Caspienne.

Les deux versants sont séparés l'un de l'autre par une longue arête, qui s'étend du N. E. au S. O., depuis la frontière de l'Asie jusqu'au détroit de Gibraltar. Cette arête n'est pas toujours composée de montagnes; mais elle en rencontre souvent d'importantes; elle passe successivement par les monts *Ourals*, les collines *Valdaï*, les *Carpathes*, les *Sudètes*, les monts *Moraves*, les montagnes de la *Forêt de Bohème*, les montagnes des *Pins*, le *Jura franconien*, les *Alpes Rudes* ou *Jura de Souabe*, les montagnes de la *Forêt Noire*, les *Alpes centrales*, le *Jura*, les *Cévennes*, les *Pyrénées*, les monts *Cantabres*, les monts *Ibériques* et la *Sierra Nevada*.

Montagnes en dehors de la grande ligne de partage. — 1° Vers le nord : une arête passe par les monts *Olonetz* et les monts *Dofrines*, entoure, au N. E., au N et à l'O., le bassin de la mer Baltique, et vient se terminer dans le S. O. de la péninsule Scandinave; — les *Vosges* et les *Ardennes* s'étendent sur le versant de la mer du Nord et entre ce versant et celui de la Manche.

2° Vers le sud : les *Alpes occidentales* et les monts *Apennins* entourent au N. O., et parcourent ensuite la péninsule de l'Italie; — les *Alpes orientales* se divisent en deux rameaux : l'un prolongé à l'est vers la mer Noire, sous le nom de *Bal-*

kan, l'autre dirigé vers le sud jusque dans la Morée, sous le nom de chaîne *Hellénique ;* — les collines du *Volga* et le *Caucase* se trouvent entre les bassins de la mer Noire et la mer Caspienne.

Dans les îles, on remarque surtout les montagnes de la *Corse*, qui parcourent du N. au S. l'île de ce nom, et les monts *Grampiens*, dans le nord de la Grande-Bretagne.

Mont Blanc.

La plus haute de toutes ces chaînes est le *Caucase*, dont le point culminant est l'Elbrouz (5600^m). Viennent ensuite les *Alpes*, dont le sommet le plus élevé est le mont Blanc (4810^m); la *Sierra Nevada* (3500^m), les *Pyrénées* (3500^m), le *Balkan* (3000^m), les *Apennins* (2900^m), les *Carpathes* (2700^m), les montagnes de la *Corse* (2700^m).

Volcans. — Les principaux volcans de l'Europe sont l'*Etna*, en Sicile, le *Vésuve*, dans la péninsule Italique, et le *Strom-*

boli, dans une des îles Lipari. Tout le voisinage de la Méditerranée est le centre de grands mouvements volcaniques, et les tremblements de terre y sont fréquents.

XI

FLEUVES PRINCIPAUX.

Fleuves du versant de l'océan Glacial et de l'océan Atlantique.

La *Petchora* se jette immédiatement dans l'océan Glacial.

La *Dvina septentrionale* tombe dans la mer Blanche.

Le *Torneå* [1], le *Luleå*, célèbre par une magnifique cataracte, et le *Dal-elf*, se jettent dans le golfe de Botnie.

La *Néva* se jette dans le golfe de Finlande ; — la *Dvina méridionale*, dans le golfe de Riga ou de Livonie.

Trois fleuves se rendent dans la mer Baltique, vers le S. ; ce sont le *Niémen*, la *Vistule* et l'*Oder*.

L'*Elbe* et le *Weser* se jettent dans la mer du Nord par de larges embouchures.

Le *Rhin*, qui se rend aussi dans cette mer, est beaucoup plus long que les fleuves précédents; il se divise, dans sa partie inférieure, en plusieurs bras, dont quelques-uns se jettent dans le Zuider-zee. Ce grand fleuve a pour affluents principaux le *Main* et la *Moselle*.

La *Meuse* reçoit quelques branches du Rhin, et tombe dans la mer du Nord par plusieurs embouchures.

L'*Escaut* a deux embouchures très-larges, près de celles de a Meuse.

La *Tamise*, l'*Humber* et le *Forth*, dans la Grande-Bretagne, sont d'autres tributaires de la mer du Nord.

La *Saverne* ou *Severn*, dans la Grande-Bretagne, se jette dans l'océan par le canal de Bristol.

La *Seine* est le seul fleuve important qui se jette dans la Manche.

La *Loire* et la *Gironde* (nommée *Garonne* dans son cours supérieur) sont les principaux tributaires de la mer de France.

---

1. Cette lettre *å*, qui appartient à la langue suédoise, se prononce comme un *o* bref.

Le *Shannon*, dans l'Irlande, et le *Minho*, le *Douro* ou *Duero*, le *Tage*, la *Guadiana*, le *Guadalquivir*, dans la péninsule Hispanique, sont les fleuves principaux qui vont se jeter directement dans l'océan Atlantique.

Fleuves du versant de la Méditerranée et de la mer Caspienne.

L'*Èbre* coule dans la péninsule Hispanique, et se rend directement dans la Méditerranée.

Le *Rhône* se jette dans le golfe du Lion.

L'*Arno* arrose l'Italie, et tombe directement dans la Méditerranée.

Le *Tibre* ou *Tevere*, en Italie, se jette dans la mer Tyrrhénienne.

Le *Pô* et l'*Adige* se jettent dans la partie N. O. de la mer Adriatique.

La *Maritza* est le seul tributaire remarquable de l'Archipel.

Le *Danube* se jette dans la mer Noire par plusieurs embouchures, après un cours de 2800 kilomètres. Il reçoit l'*Inn*, la *Theiss* et la *Save*.

Le *Dniestr* et le *Dniepr* se jettent aussi dans la mer Noire.

La mer d'Azov, qui n'est qu'une espèce de golfe de la mer Noire, reçoit le *Don*.

Le *Volga* se jette dans la mer Caspienne par beaucoup d'embouchures. Ce fleuve, le plus grand de l'Europe, a un cours de 3500 kilomètres.

L'*Oural* ou *Iaïk*, qui forme une partie de la limite entre l'Europe et l'Asie, se jette dans la même mer.

LACS.

Le lac *Ladoga*, le plus grand de l'Europe, verse ses eaux dans le golfe de Finlande par la Néva.

Les lacs *Onéga* et *Ilmen* versent les leurs dans le lac Ladoga.

Le lac *Peïpous* s'écoule directement dans le golfe de Finlande.

Les lacs *Mœlar* et *Vetter*, dans la péninsule Scandinave, communiquent avec la mer Baltique.

Le lac *Vener*, dans la même péninsule, s'écoule dans le Cattégat.

Le lac de *Constance* est formé par le Rhin ; les lacs de *Zürich*, de *Lucerne* et de *Nevchâtel* versent leurs eaux dans le même fleuve.

Le lac de *Genève* est formé par le Rhône.

Le lac *Majeur* et les lacs de *Côme* et de *Garde* s'écoulent dans le Pô.

Le lac *Balaton*, au centre de l'Europe, verse ses eaux dans le Danube.

GÉOGRAPHIE POLITIQUE.

XII.

CONTRÉES ET VILLES PRINCIPALES.

Les pays de l'Europe peuvent être classés en trois régions : 1° les pays placés entièrement sur le versant du nord et du nord-ouest (versant de l'océan Atlantique et de l'océan Glacial) ; 2° les pays du milieu, situés à la fois sur les deux grands versants de l'Europe ; 3° les pays du sud, situés sur le versant méridional seulement.

Pays du versant de l'océan Atlantique et de l'océan Glacial.

Cette région comprend six divisions : les *Iles Britanniques*, la *Belgique*, les *Pays-Bas*, le grand-duché de *Luxembourg*, le *Danemark* et la *monarchie Scandinave*.

Le royaume des ILES BRITANNIQUES, ou ROYAUME-UNI de GRANDE-BRETAGNE et d'IRLANDE, se compose principalement de la Grande-Bretagne, de l'Irlande, des groupes des Hébrides, des Orcades et de Shetland, et des îles de Man, d'Anglesey et de Wight ; il est situé entre la mer du Nord, l'océan Atlantique et la Manche.

La Grande-Bretagne renferme trois pays principaux : l'*Angleterre*, le *pays de Galles* et l'*Écosse*. — La capitale du Royaume-Uni et en même temps de l'Angleterre est LONDRES (en anglais *London*), dans le sud-est de l'île, sur la Tamise, avec le port le plus fréquenté du monde ; c'est aussi la ville la plus peuplée du globe (près de 4 millions d'hab.). — Autres villes d'Angleterre : au N., *Manchester*, centre de l'industrie du coton ; *Liverpool*, grand port de commerce ; *Leeds* et *Sheffield*, villes industrielles ; *York*, très-ancienne ; — au milieu, *Birmingham*, pleine de manufactures ; — au S., *Portsmouth*, *Plymouth* et *Bristol*, ports fameux.

La ville la plus considérable du pays de Galles est *Merthyr-Tydvil*.

L'Écosse a pour capitale *Edinbourg* (en anglais *Edinburgh*), près du Forth ; mais la plus grande ville est *Glasgow*, port très-important, sur la Clyde.

La capitale de l'Irlande est *Dublin*, sur la mer d'Irlande ; les villes principales ensuite sont *Belfast*, au N., *Cork* et *Limerick*, au S. ; toutes trois ports très-commerçants.

Du royaume Britannique dépendent les îles *Anglo-Normandes*, situées dans la Manche et dont les principales sont *Jersey* et *Guernesey*.

LA BELGIQUE et les PAYS-BAS sont deux petits royaumes situés sur la côte méridionale de la mer du Nord, vers le cours inférieur de l'Escaut, de la Meuse et du Rhin. — La Belgique a pour capitale BRUXELLES, au centre du royaume, et pour autres villes principales : *Anvers*, port sur l'Escaut, *Gand*, *Bruges*, *Liége*. — Les Pays-Bas, qu'on appelle aussi *Néderlande*, *Néerlande* ou *Hollande*, ont pour capitale AMSTERDAM, un des premiers ports de l'Europe, sur le Zuider-zee ; mais *la Haye* est la résidence du roi. *Rotterdam* est une autre grande ville et un port commerçant de ce royaume, sur la Meuse.

Le grand-duché de LUXEMBOURG est un petit État qui appartient au roi des Pays-Bas, sans faire partie du royaume Néderlandais ; il est dans le bassin de la Moselle, entre la Belgique, la France et la Prusse, et a pour capitale LUXEMBOURG.

Le royaume de DANEMARK (en danois *Danmark*) est formé : 1° des îles Danoises, situées entre le Cattégat et la Baltique, et dont les principales sont *Seeland* et *Fionie* ; 2° de la partie nord de la péninsule Cimbrique, c'est-à-dire du *Jutland*. — La capitale est COPENHAGUE (en danois *Kiœbenhavn*), port très-bien situé, dans l'île de Seeland, sur

Londres. — Palais du Parlement.

le Sund. — Du Danemark dépendent les îles *Færœer* et l'*Islande*, grande île très-froide, rattachée à l'Amérique par sa situation et couverte de montagnes volcaniques, dont la plus célèbre est le mont Hékla.

LA MONARCHIE SCANDINAVE se compose de la péninsule Scandinave, et comprend deux grands pays : 1° la SUÈDE (en suédois *Sverige*), dont la capitale est STOCKHOLM, résidence du roi de toute la monarchie et premier port du royaume, sur le détroit qui unit le lac Mælar à la mer Baltique; autre ville, *Gothembourg* (en suédois *Gœtëborg*), port très-commerçant; — 2° la NORVÉGE (en danois *Nörge*) (1), capitale CHRISTIANIA, port sur le golfe du même nom, formé par le Cattégat; seconde ville, *Bergen*. — Dans le N. de la Suède et de la Norvége, habitent les *Lapons*, qui se trouvent aussi en Russie.

Pays situés à la fois sur les deux versants de l'Europe.

Cette région renferme la *Russie*, l'empire *Austro-Hongrois*; l'*Allemagne*, la *Suisse*, la *France* et la *péninsule Hispanique*.

La RUSSIE s'étend dans l'É. de l'Europe, depuis l'océan Glacial jusqu'à la mer Noire, et depuis la mer Baltique jusqu'à la mer Caspienne; elle est plus grande que tout le reste de l'Europe. Ce n'est cependant qu'une partie du vaste empire Russe, qui se prolonge aussi en Asie. — La capitale est SAINT-PÉTERSBOURG, à l'embouchure de la Néva dans le golfe de Finlande; fondée, au commencement du dix-huitième siècle par Pierre le Grand, qui en choisit l'emplacement pour communiquer facilement par la mer avec les nations de l'Occident et en faire pénétrer la civilisation dans son empire. — Les autres villes les plus remarquables sont : *Moscou*, ancienne capitale, au centre du pays; *Riga*, port très-important, vers l'embouchure de la Dvina méridionale; *Astrakhan*, vers l'embouchure du Volga; *Odessa*, le premier port de la mer Noire; *Sébastopol*, port de la Crimée; *Arkhangel*, port vers l'embouchure de la Dvina septentrionale dans la mer Blanche. La Russie possède, au N. O., le grand-duché de *Finlande*,

(1) On parle danois en Norvége.

Moscou.

dont la capitale est *Helsingfors*, et, à l'O., l'ancien royaume de *Pologne* (aujourd'hui tout à fait réuni à l'administration russe), capitale *Varsovie*, sur la Vistule.

L'EMPIRE AUSTRO-HONGROIS (c'est-à-dire d'Autriche-Hongrie (en allemand *Œsterreich-Ungarn*) est traversé par le Danube et baigné au S. par la mer Adriatique; il s'étend depuis la Vistule jusqu'au lac de Constance et au Rhin. Les Alpes le couvrent au S. O., et les monts Carpathes, au N. et à l'E. C'est un assemblage de pays très-différents entre eux par le langage et les mœurs, et qui sont classés en deux parties principales : 1º la division *Cisleithane* (en deçà de la rivière eitha, affluent du Danube), où domine l'influence allemande, et qui comprend, à l'O., l'*archiduché d'Autriche*, le *Salzbourg*, la *Bohème*, la *Moravie*, le duché de *Silésie*, le *Tyrol*, la *Styrie*, la *Carinthie*, la *Carniole*, le *Littoral Illyrien*; au S., la *Dalmatie*, et, au N. la *Galicie*; — 2º la division *Transleithane*, à l'E., où domine l'influence hongroise, et qui renferme la *Hongrie*, la *Croatie*, l'*Esclavonie*, la *Transylvanie*.

La capitale de l'empire est VIENNE (en allemand *Wien*), sur le Danube, dans l'archiduché d'Autriche, pays tout à fait allemand. Autres villes importantes : *Prague* (ou *Prag*), dans la Bohème; *Trieste*, port fameux du Littoral Illyrien; *Buda-Pest*, capitale de la Hongrie, sur le Danube; *Lemberg* et *Cracovie*, dans la Galicie.

Il y a dans cet empire une grande variété de peuples et de langues : à l'O., sont des *Allemands*; au N. et au N. E., des *Slaves*; au centre, des *Hongrois* ou *Magyars*; à l'E., des *Roumains*; et, au S., encore des *Slaves*.

L'EMPIRE D'ALLEMAGNE (en allemand *Deutschland*), situé au centre de l'Europe, entre la mer Baltique, la mer du Nord, les Vosges, une partie du cours supérieur du Rhin, le lac de Constance et les branches les plus septentrionales des Alpes, est composé de vingt-six États, dont le principal est le royaume de PRUSSE. Ce royaume s'étend considérablement de l'E. à l'O., vers la Baltique et la mer du Nord, et aux bords de la Vistule, de l'Oder, de l'Elbe, du Weser et du Rhin. Il s'avance, au N., jusqu'au milieu de la péninsule Cimbrique ; à l'E., jusqu'au delà du Niémen ; à l'O., au delà du Rhin ; au S., jusqu'au Main. Il se compose des provinces de *Prusse propre*, de *Posen*, de *Poméranie*, de *Brandebourg*, de *Silésie*, de *Saxe*, de *Westphalie*, du *Rhin*, de *Hesse-Nassau*, de *Hanovre* et de *Slesvig-Holstein*.

La capitale de la Prusse est BERLIN, capitale en même temps de tout l'empire d'Allemagne, sur la Sprée, dans le bassin de l'Elbe. Les villes principales ensuite sont : *Kœnigsberg, Dantzig, Stettin*, ports de la Baltique ; *Potsdam, Breslau, Magdebourg, Cologne* (en allemand *Kœln*) ; *Coblenz, Aix-la-Chapelle* (en allemand *Aachen*) ; *Francfort-sur-le-Main* (en allemand *Frankfurt*), *Cassel, Hanovre* (en allemand *Hannover*), *Altona*, port sur l'Elbe. — La plus grande partie de la population de la Prusse est *allemande* ; cependant il y a, à l'E., un assez grand nombre de *Polonais* et de *Lettons*.

Les autres principaux États de l'Allemagne sont :

Le royaume de *Bavière* (en allemand *Bayern*) ; l'État le plus méridional de l'empire, dans les bassins du Danube et du Rhin ; capitale *Munich* (en allemand *München*) ; autres villes, *Nuremberg* (en allemand *Nürnberg*) et *Augsbourg* ; — le royaume de *Saxe* (en allemand *Sachsen*), capitale *Dresde* (*Dresden*) sur l'Elbe ; autre ville, *Leipzig* ; — le royaume de *Würtemberg*, capitale *Stuttgart* ; — le grand-duché de *Bade* (*Baden*), capitale *Carlsruhe* ; — le grand-duché de *Hesse* (*Hessen*), capitale *Darmstadt* ; autre ville, *Mayence* (*Mainz*) ; — le gouvernement d'*Alsace-Lorraine*, enlevé à la France par le traité de 1871, capitale *Strasbourg* ; autres grandes villes, *Metz* et *Mulhouse* ; — les quatre duchés de *Saxe* ; — les deux grand-duchés de *Mecklenbourg* ; — le grand-duché d'*Oldenbourg* ; — le duché de *Brunswick* (*Braunschweig*) ; — la ville libre de *Hambourg*, grand port de commerce, sur l'Elbe, et celles de *Brème* (*Bremen*), sur le Weser, et de *Lübeck*, vers la mer Baltique, ports très-commerçants.

La SUISSE (en allemand (*Schweiz*), située aussi au centre de l'Europe, se trouve entre les lacs de Constance et de Genève, dans les bassins du Rhin et du Rhône ; les Alpes la couvrent au S. C'est une république, composée de 22 cantons confédérés. La capitale de cette confédération est BERNE, sur l'Aar, affluent du Rhin. Les autres villes importantes sont *Genève, Bâle, Zürich.*

La FRANCE s'étend dans l'O. de l'Europe, entre l'océan Atlantique, la Méditerranée, les Vosges, les Alpes et les Pyrénées. Elle forme une république, dont la capitale est PARIS, sur la Seine, dans le N. du pays. Les autres grandes villes sont : *Lyon, Marseille, Bordeaux, Lille, Toulouse, Nantes, Saint-Étienne, Rouen, Le Havre, Versailles,* siège actuel du gouvernement français.

La PÉNINSULE HISPANIQUE, située au S. O. de la France, entre l'océan Atlantique et la Méditerranée, comprend deux États : l'*Espagne* et le *Portugal.*

L'ESPAGNE (en espagnol *España*) occupe la plus grande partie de la péninsule. Les pays principaux qu'elle renferme sont : la *Galice,* le *royaume de Léon,* la *Vieille-Castille,* la *Nouvelle-Castille,* les *provinces Basques,* la *Navarre,* l'*Aragon,* la *Catalogne,* le *royaume de Valence,* le *royaume de Murcie,* l'*Andalousie,* l'*Estrémadure.* — MADRID, au centre du pays, en est la capitale. Les autres villes les plus considérables sont : *Barcelone,* un des ports principaux de la Méditerranée; *Saragosse* (*Zaragoza*), *Valence, Grenade, Séville; Carthagène* (*Cartagena*), *Malaga,* deux ports sur la Méditerranée; *Cadix* (*Cadiz*), un des ports les plus importants de l'Atlantique. — *Gibraltar,* place très-forte et port fameux, vers l'extrémité S. de l'Espagne, appartient à l'Angleterre.

Le PORTUGAL occupe la partie occidentale de la péninsule. La capitale est LISBONNE (en portugais *Lisboa*), port très-commerçant, vers l'embouchure du Tage; autre ville principale, *O Porto,* port à l'embouchure du Douro.

La petite république d'ANDORRE, dans les Pyrénées, est sous la protection de la France et de l'Espagne. Elle a une capitale de même nom.

Pays du versant méridional.

Cette région comprend cinq divisions principales : l'*Italie,* la *Turquie,* la *Roumanie,* la *Serbie* et la *Grèce.*

Rome.

L'ITALIE, qui s'étend entre les Alpes, l'Adriatique, la mer Tyrrhénienne et la mer Ionienne, est composée, en très-grande partie, du ROYAUME D'ITALIE, où se trouvent : au N. ; le *Piémont*, la *Lombardie*, la *Vénétie*, l'*Émilie* (comprenant les anciens duchés de *Parme* et de *Modène*, et la *Romagne*); — au milieu, la *Toscane*, l'*Ombrie*, les *Marches*, le territoire *Romain* (enlevé au Pape en 1870); — au S., le territoire *Napolitain*, la *Sicile*; — à l'O., l'île de *Sardaigne*.

ROME, sur le Tibre, est la capitale du royaume d'Italie, et c'est en même temps la résidence du Pape. — *Florence* (en italien *Firenze*), sur l'Arno, dans la Toscane, a été la capitale du royaume pendant quelques années.

Autres villes importantes : *Livourne* (*Livorno*), port célèbre; *Pise* et *Lucques* (*Lucca*), qui sont toutes trois aussi en Toscane; — *Turin* (*Torino*), capitale du Piémont et ancienne capitale du royaume d'Italie, sur le Pô; — *Alexandrie* (*Alessandria*); — *Gênes* (*Genova*), sur le golfe de même nom; — *Milan* (*Milano*), ancienne capitale de la Lombardie; — *Pavie*; — *Venise* (*Venezia*), capitale de la Vénétie et port célèbre sur l'Adriatique; — *Padoue* (*Padova*), *Vérone*, *Mantoue* (*Mantova*); — *Parme*, *Modène*, *Bologne*, *Ferrare*, *Ravenne*; — *Pérouse* (*Perugia*); — *Ancône* et *Brindisi*, ports sur l'Adriatique; — *Naples* (*Napoli*), capitale de l'ancien royaume de même nom, et la ville la plus peuplée de l'Italie, sur la côte occid. de laquelle elle se trouve; — *Palerme*, capitale de la Sicile, sur la côte N. de cette île; — *Messine* et *Catane*, sur la côte orientale de la même île; — *Cagliari*, capitale de la Sardaigne, sur la côte S. de cette île.

L'Italie renferme aussi la petite république de SAINT-MARIN (*San-Marino*); et l'île de MALTE, qui dépend de l'Angleterre.

La TURQUIE D'EUROPE, comprise entre la mer Noire, l'Archipel, la mer Adriatique et les monts Carpathes, n'est qu'une partie de l'*empire Ottoman*, dont le reste se trouve en Asie et en Afrique.

Elle se divise en cinq contrées : la *Romélie*, la *Bulgarie*, la *Bosnie*, l'*Albanie* et la *Thessalie*.

La capitale est CONSTANTINOPLE (en turc *Stamboul*), dans

une situation admirable et avec un magnifique port, sur le détroit qui joint la mer de Marmara à la mer Noire. Les autres villes principales sont : *Andrinople; Salonique*, port de l'Archipel, dans la Romélie ; *Sophia*, dans la Bulgarie.

L'île de *Candie* (anciennement *Crète*) dépend de la Turquie d'Europe.

La ROUMANIE est une principauté formée de deux pays, la *Valachie* et la *Moldavie*, et située entre les monts Carpathes et le Danube. BUCAREST (220 000 hab.), dans la Valachie, est la capitale. Les autres villes principales sont *Iassi*, dans la Moldavie; *Galatz* et *Braila*, deux ports très-commerçants sur le Danube.

La SERBIE est une autre principauté, bordée au N. et à l'E. par le Danube. Elle a pour capitale *Belgrade*, sur ce fleuve.

Ces deux principautés payent des tributs ou des indemnités à la Turquie.

Il existe, dans le N. O. de la Turquie d'Europe, une petite principauté indépendante nommé MONTÉNÉGRO.

La GRÈCE ou le ROYAUME HELLÉNIQUE, qui comprend au S. la presqu'île de Morée, à l'E. les Cyclades et l'île de Négrepont, à l'O. les îles Ioniennes, est un petit royaume situé entre l'Archipel et la mer Ionienne. La capitale est ATHÈNES. — Les *îles Ioniennes* formaient, il y a peu de temps, une petite république sous la protection de la Grande-Bretagne. Elles ont pour ville principale *Corfou*, dans l'île de même nom.

XIII

POPULATION DE L'EUROPE. — COMPARAISON DES PRINCIPAUX ÉTATS ET DES PRINCIPALES VILLES. — FAMILLES DE PEUPLES, RELIGIONS, GOUVERNEMENTS.

Population et comparaison de l'importance des États. — L'Europe contient 300 millions d'habitants.

La Russie d'Europe est la contrée qui renferme la plus grande population : on y compte 72 millions d'habitants. Tout l'empire Russe en a 82 millions.

Viennent ensuite l'empire d'Allemagne, qui a 41 millions d'habitants; la France, peuplée de 36 millions et demi; puis l'Autriche-Hongrie, avec 36 millions.

Les îles Britanniques n'ont en Europe que 32 millions d'habitants; mais il y en a 230 millions dans tout l'empire Britannique, car cet empire comprend de grands territoires en Asie, en Afrique, en Amérique et dans l'Océanie.

Le royaume d'Italie a 27 millions d'âmes.

Les parties où il y a le plus d'habitants sur une même étendue de terrain, sont la Belgique, les Pays-Bas, les îles Britanniques, l'Italie, l'Allemagne et la France.

Comparaison des principales villes. — Londres est la plus peuplée et la plus grande des capitales de l'Europe. On y compte près de 4 millions d'habitants.

Paris occupe le second rang par sa population, qui est d'à peu près 2 millions d'habitants.

Constantinople, Vienne, Berlin et Saint-Pétersbourg sont ensuite les capitales qui ont la plus grande population.

Les peuples de l'Europe appartiennent surtout à trois grandes familles, en considérant les *langues* qu'ils parlent : 1º au S. et au S. O., la famille *latine*, comprenant particulièrement les Français, les Belges, les Italiens, les Espagnols, les Portugais, une partie des Suisses, les Roumains ; — 2º la famille *germanique* ou *saxonne*, comprenant les Allemands, les Hollandais, les Flamands, les Anglais, les Danois, les Suédois, les Norvégiens, une partie des Suisses; 3º la famille *slave*, où se trouvent les Polonais, les Ruthènes, une grande partie des Russes, les Bohèmes, les Serbes, etc.

Il y a, de plus, la famille *finnoise*, dans le N. E. (les Hongrois s'y rattachent) ; la famille *lettonne*, aussi dans le N. E.; la famille *celtique*, dans l'O.; la famille *basque*, dans le S. O.

Les langues les plus répandues sont le français, l'anglais, l'allemand, l'italien, l'espagnol, le polonais, le russe.

Cultes. — La religion *chrétienne* est presque celle de toute l'Europe.

Le *catholicisme* domine au S., à l'O. et dans diverses régions centrales; il règne surtout chez les nations latines.

Au N., au N. O. et dans une grande partie du centre, les

protestants sont les plus nombreux ; ils appartiennent principalement aux nations germaniques.

La religion *grecque* est répandue à l'E. et au S. E. : elle réunit particulièrement les peuples slaves.

Les Turcs et quelques autres peuples de la Turquie et de la Russie sont *musulmans*.

Les *Juifs* ou *israélites* sont surtout nombreux en Pologne, en Allemagne et dans l'empire Austro-Hongrois.

Les *Bohémiens*, sortis probablement de l'Inde au moyen âge et qui errent à travers tous les pays d'Europe, sont encore païens.

Formes de gouvernement. — Le gouvernement constitutionnel (consistant en une monarchie et des assemblées qui représentent la nation) règne dans la plupart des États de l'Europe. La Russie a la monarchie la plus absolue. La France et la Suisse sont les principales républiques.

GÉOGRAPHIE COMMERCIALE.

XIV

CLIMAT. — PRINCIPALES PRODUCTIONS. — INDUSTRIE.
GRANDS PORTS DE COMMERCE.

Climat. — L'Europe est froide vers ses extrémités boréales ; dans le midi, le climat est chaud, mais non brûlant, comme dans quelques parties de l'Asie ou de l'Afrique. En général, la température est douce et agréable, surtout dans les parties occidentales, qui reçoivent l'heureuse influence des vents de l'océan Atlantique et celle du courant du Golfe (Gulf-stream). L'Europe, enfin, a l'avantage d'être limitée au S. par une vaste mer, qui adoucit beaucoup le climat.

Productions. — *Minéraux.* — Il y a, dans un grand nombre de pays d'Europe, de riches mines de fer, particulièrement en Scandinavie, en Angleterre, en Allemagne, en France ; le cuivre abonde surtout dans la péninsule Scandinave, en Angleterre et aux monts Ourals ; l'étain, dans la Grande-Bretagne ; l'or, vers les monts Ourals et les monts Carpathes. On trouve du platine dans les monts Ourals ; de l'argent, du plomb, en Allemagne, en France, en Angleterre, en Espagne ; du mercure, en Espagne, dans l'empire Austro-Hongrois ; du zinc, en Belgique.

Le soufre est fourni par l'Italie, par les îles qui l'environnent et par l'Islande. L'ambre jaune se recueille aux bords méridionaux de la Baltique. La houille abonde dans la Grande-Bretagne et vers les bords de l'Escaut, de la Meuse, du Rhin et de la Loire ; la tourbe, dans les parties basses des bassins de la mer Baltique, de la mer du Nord et de la Manche.

Végétaux. — Les céréales (blé, seigle) et les pommes de terre sont les principaux objets de la culture dans toute l'Europe. Le riz ne se trouve que vers le midi. Le maïs abonde aussi dans le midi, mais s'avance au nord bien plus loin que le riz.

La vigne est une des grandes richesses des régions méridionales et centrales.

Les principaux arbres fruitiers de l'Europe sont les pommiers, les poiriers, les pruniers, les abricotiers, les pêchers, qui peuplent presque partout les vergers, surtout dans les régions moyennes.

Les châtaigniers et les noyers y sont répandus généralement.

Le cerisier est aussi l'un des arbres européens les plus communs ; il s'avance fort loin vers le nord.

Les orangers, les citronniers, les cédratiers, les limoniers, les oliviers, les grenadiers, les figuiers, enrichissent de leurs produits les régions méridionales.

Les bois de construction sont des chênes, des ormes, des frênes, des hêtres, des peupliers, des mélèzes, des sapins, des pins, des bouleaux.

Le cotonnier et la canne à sucre se rencontrent au sud.

Le lin et le chanvre sont les principaux végétaux propres à faire des tissus.

Le safran et la garance sont les principales plantes à teinture.

Animaux. — Parmi les animaux domestiques, le cheval, le bœuf, l'âne, le mouton, la chèvre, le chien, le chat, le coq et la poule, l'oie, le canard, sont à peu près communs à toutes les contrées de l'Europe. Le renne est particulier aux régions les plus septentrionales ; le chameau ne se montre qu'au S. E.

Les principaux quadrupèdes sauvages sont : le sanglier, l'ours, le loup, le cerf, le chevreuil, le daim, le renard, le lièvre, le lapin, le blaireau, l'écureuil, qui se trouvent dans presque toute l'Europe ; — le lynx, la loutre, le castor, le chat sauvage, les martres, qui habitent plus particulièrement dans les contrées du nord ; — le buffle, le bouquetin, le porc-épic, la marmotte, le chamois, qui se rencontrent plutôt vers le sud ; — et le chacal, qu'on ne voit qu'au S. E.

Parmi les plus gros oiseaux que possède l'Europe, on peut nommer l'aigle, le faucon, le vautour, le cygne, la grue, la cigogne, le héron, le pélican.

Les plus jolis sont le martin-pêcheur, le jaseur de Bohême, le guêpier, le chardonneret. Parmi ceux qui chantent le plus agréablement, il faut citer le rossignol, le pinson, le serin.

Parmi les reptiles, on n'a guère à redouter que la vipère.

Les poissons d'eau douce sont principalement les brochets, les carpes, les tanches, les perches, les truites. Les esturgeons remontent les grands fleuves de l'est. Dans la mer, on pêche surtout des maquereaux, des sardines, des anchois, des merlans, des soles, des turbots, des limandes, des raies, des thons, enfin des harengs, qui sortent de l'océan Glacial au printemps et se répandent sur les côtes occidentales.

Parmi les mollusques, il faut citer les huîtres, abondantes sur les côtes de France, d'Angleterre, de Belgique, etc.

Les insectes les plus intéressants sont le ver à soie, particulier aux régions méridionales, et l'abeille, répandue partout.

Un des polypes les plus importants est l'éponge, qu'on rencontre surtout dans les parties orientales de la Méditerranée.

Industrie. — L'industrie de l'Europe a pour siéges principaux l'Angleterre, la France, la Belgique, l'Allemagne, l'empire Austro-Hongrois, la Suisse, l'Italie, la Russie.

Les objets les plus importants sont : les soieries, les tissus, de coton, de laine, de lin ; les ouvrages en fer, en acier, en cuivre ; les armes, les machines ; les instruments de science et de musique, l'horlogerie, la bijouterie, l'orfévrerie ; la papeterie, l'imprimerie, la gravure ; la préparation des peaux ; la porcelaine, la poterie, les cristaux, les glaces ; l'ébénisterie, les objets de luxe et de modes ; les produits chimiques, les distilleries, les brasseries ; les constructions navales.

Grands ports de commerce. —Les îles Britanniques

sont le pays le plus commerçant de l'Europe, et même du
monde ; leur capitale, *Londres*, est le port le plus animé, le
plus fréquenté qu'il y ait. *Liverpool*, le second, se trouve
sur la côte ouest de l'Angleterre, et entretient surtout des
relations avec l'Amérique, *Bristol*, dans le S. O. du même
pays ; *Southampton, Plymouth, Portsmouth*, sur la Manche,
et *Hull*, sur la mer du Nord, sont aussi des ports importants.
En Écosse, *Leith* (port d'Édinbourg), sur le Forth, vers la
côte orientale, et *Glasgow*, vers la côte occidentale, sur la
Clyde, sont le siége d'un grand commerce. *Dublin, Belfast*
et *Cork* sont les principaux ports d'Irlande.

La France a, sur l'Atlantique, les ports de *Bordeaux*, de
Nantes, de *Saint-Nazaire*, de *Brest*, du *Havre*, de *Dunkerque ;* sur la Méditerranée, *Marseille, Toulon* et *Cette*.

La Belgique possède le grand port d'*Anvers*, sur l'Escaut ;
la Hollande, ceux d'*Amsterdam* et de *Rotterdam*.

En Allemagne, on remarque comme ports : *Hambourg,
Altona, Brème*, vers la mer du Nord ; *Lübeck, Stettin, Dantzig*, vers la Baltique ; — en Danemark, *Copenhague*, sur le
Sund ; — en Norvége, *Christiania*, sur le Cattégat, et *Bergen*,
sur la mer du Nord ; — en Suède, *Stockholm*, sur la Baltique ;
Gothembourg, sur le Cattégat ; — en Russie, *Saint-Pétersbourg, Riga*, vers la Baltique ; *Odessa*, sur la mer Noire ; *Astrakhan*, vers la mer Caspienne ; *Arkhangel*, vers la mer Blanche.

En Espagne, on distingue *Barcelone, Malaga*, sur la
Méditerranée ; *Cadix*, sur l'Atlantique ; — *Gibraltar* (possession anglaise), sur le détroit du même nom ; — en Portugal, *Lisbonne* et *O Porto*, sur l'Atlantique.

L'Italie a, sur sa côte O., les ports de *Gênes*, de *Livourne*,
de *Naples ;* — sur sa côte E, ceux de *Venise* et d'*Ancône ;*
— en Sicile, on voit *Palerme*, au N., et *Messine*, à l'E.

En Turquie, le port le plus important est *Constantinople*,
sur le détroit de même nom, entre la mer de Marmara et la
mer Noire, vers la limite de l'Europe et de l'Asie, au centre
de l'Ancien monde ; le second est *Salonique*, sur l'Archipel.

En Roumanie, *Braïla, Galatz*, sur le Danube, près de la
mer Noire, sont les ports principaux.

En Grèce, le *Pirée* sert de port à Athènes ; *Syra*, dans les
Cyclades, est le centre du commerce de l'Archipel.

FRANCE

GÉOGRAPHIE PHYSIQUE.

XV

SITUATION, LIMITES, FORME ET ÉTENDUE.

Situation et limites. — La France est dans la partie occidentale de la région moyenne de l'Europe.

Elle se trouve à peu près aussi loin du pôle arctique que de l'équateur, vers le milieu de la zone tempérée boréale, entre le 42e et le 51e degré de latitude. En longitude, elle s'arrête au 5e degré à l'E. du méridien de Paris et au 7e degré à l'O.

Au N., elle s'avance en pointe vers la *mer du Nord*, et vers le *Pas de Calais*, qui la sépare de l'Angleterre.

Au N. O., elle est bornée par la *Manche*, qui la sépare aussi de l'Angleterre.

A l'O., elle est baignée par l'*océan Atlantique* proprement dit et par la *mer de France*, qu'on appelle aussi *mer de Biscaye* ou *golfe de Gascogne*.

Au S., elle est bornée par la *Bidassoa* et les *Pyrénées*, qui la séparent de l'Espagne, et par la mer *Méditerranée*, qui forme dans cette partie le *golfe du Lion*.

A l'E., elle a pour bornes l'Italie, la Suisse et l'Allemagne; au N. E., une autre partie de l'Allemagne, le grand-duché de Luxembourg et la Belgique.

Les *Alpes* la limitent du côté de l'Italie; le lac de *Genève*, le *Jura* et le *Doubs*, du côté de la Suisse; les *Vosges*, du côté de l'Allemagne. Nous avions naguère pour frontière, vers ce dernier pays, le *Rhin*; mais une funeste guerre et un désastreux traité nous ont fait perdre cette limite.

Au N. E., il n'y a pas de frontière naturelle.

Forme et étendue. — La France a la forme d'un hexagone (figure à six côtés), dont trois côtés vers la mer et trois vers la terre.

Elle a 980 kilomètres du N. au S., depuis Dunkerque jusqu'au cap Cerbère; 875 kilomètres de l'O. à l'E., depuis la pointe de Corsen jusqu'aux Vosges; 1100 kilomètres du N. O. au S. E., depuis la pointe de Corsen jusqu'à la Roia (qui sépare un instant la France du royaume d'Italie), et 900 kilomètres du N. E. au S. O., de la frontière du Luxembourg à l'embouchure de la Bidassoa. — Il y a 528 000 kilomètres carrés et 36 millions et demi d'habitants.

CÔTES.

Côtes depuis l'extrémité nord jusqu'à la Loire. — Depuis la Belgique jusqu'à l'embouchure de la Somme, les côtes de France sont couvertes de dunes mouvantes, c'est-à-dire de collines de sable que les vents font changer de place fréquemment.

Un peu au S. de l'embouchure de la Somme, commencent des falaises très-escarpées qui vont jusqu'à l'embouchure de la Seine.

Ensuite, depuis la Seine jusqu'à l'embouchure de la Loire, les côtes sont très-irrégulières : il y a beaucoup de presqu'îles, de golfes et de baies.

On y remarque d'abord le golfe de la *Seine*. — A l'O. de ce golfe, s'avance la presqu'île de *Cotentin*, qui est terminée au N. O. par le cap de *la Hague* [1], au N. E. par le cap de *Barfleur.*

A l'O. du Cotentin, est le golfe de *Bretagne* ou de *Saint-Malo*, qui comprend deux autres enfoncements : la baie du *Mont-Saint-Michel* et la baie de *Saint-Brieuc.*

La *Bretagne* est une grande presqu'île qui s'avance entre la Manche et la mer de France : on y remarque, à l'O., la pointe de *Corsen*, le cap *Saint-Matthieu*, la rade de *Brest*, la baie de *Douarnenez*, et les pointes du *Raz* et de *Penmarch*; au S., la petite presqu'île de *Quiberon* et le golfe du *Morbihan*.

1. Il ne faut pas confondre ce cap avec celui de *la Hogue*, sur la côte orientale du Cotentin.

Il y a plusieurs îles dans le voisinage de la Bretagne. On remarque surtout l'île d'*Ouessant*, à l'O., et *Belle-Ile*, au S.

Côtes depuis la Loire jusqu'à la Bidassoa. — Entre

l'embouchure de la Loire et celle de la Gironde, la côte est basse et bordée de marais salants ; il s'y trouve plusieurs îles, dont les principales sont *Noirmoutier*, l'île d'*Yeu*, l'île de *Ré* et l'île d'*Oleron*. Le détroit de *Fromentine* sépare Noirmoutier du continent ; le *Pertuis Breton* est entre l'île de Ré et le continent ; le *Pertuis d'Antioche*, entre les îles de Ré et d'Oleron.

Au S. de la Gironde, la côte est généralement composée de dunes mouvantes ; près de ces dunes, on voit çà et là des forêts de pins et des lacs entourés de pâturages.

Il se trouve dans cette partie de la France un petit golfe nommé *Bassin d'Arcachon*.

Côtes sur la Méditerranée. — Les côtes de la Méditer-

ranée offrent deux aspects principaux :

A l'O., autour du golfe du Lion, elles sont basses et bordées de lagunes qu'on appelle improprement *étangs*.

A l'E., elles sont assez élevées, agréablement variées, et forment de petits golfes, tels que ceux de *Fréjus*, de *Grimaud* et de *Cannes* ; on y remarque les îles d'*Hyères* et de *Lérins*.

De la France dépend l'île de *Corse*, située près de l'Italie.

XVI

LIGNE DE PARTAGE DES EAUX, MONTAGNES, PLAINES.

Grande ligne de partage des eaux. — Des frontières

de la Suisse à celles d'Espagne, s'étend une chaîne de hauteurs formant une partie de la grande arête de partage des eaux qui, depuis les monts Ourals jusqu'au détroit de Gibraltar, sépare l'Europe en deux versants. La France est ainsi partagée elle-même en deux versants principaux : 1° celui qui se penche vers l'*Atlantique* et ses divisions, c'est-à-dire la *mer du Nord*, la *Manche* et la *mer de France* (ou *golfe de Gascogne*) ; 2° celui qui est incliné vers la *Méditerranée*.

Cette grande ligne de partage des eaux, dirigée, en général, du N. E. au S. O., passe successivement par le *Jura,* les *Vosges méridionales,* les monts *Faucilles,* le *plateau de Langres,* la *Côte d'Or,* les *Cévennes,* les *Corbières* et les *Pyrénées.*

Lignes secondaires de partage. — Six arêtes se rattachent à la grande ligne de partage du côté du versant de l'Atlantique.

Trois vont au N. : les *Vosges septentrionales,* la chaîne de l'*Argonne orientale* et des *Ardennes orientales,* et la chaîne de l'*Argonne occidentale* et des *Ardennes occidentales,* jointes aux collines de l'*Artois.* Cette troisième arête sépare le versant particulier de la mer du Nord de celui de la Manche, et se termine au cap *Grisnez,* sur le Pas de Calais; elle envoie à l'O. un rameau formé des collines de la *Picardie* et du pays de *Caux.*

Trois vont à l'O. : 1° la longue arête de partage des eaux qui sépare les versants de la Manche et de la mer de France, et qui est composée des montagnes du *Morvan,* des collines du *Nivernais,* des plateaux de la *Forêt d'Orléans* et de la *Beauce,* des collines du *Perche* et de la *Basse-Normandie,* de la chaîne *Armoricaine,* comprenant les montagnes de *Menez* et d'*Arez;* elle se termine à l'extrémité de la Bretagne, et envoie deux rameaux remarquables, l'un au N., formé des collines du *Cotentin* et se terminant au cap de la *Hague;* l'autre au S. O., connu sous le nom de montagnes *Noires,* et aboutissant à la pointe de *Penmarch;* — 2° la chaîne des montagnes du *Velay* et des montagnes du *Forez;* — 3° la chaîne des montagnes de la *Margeride* et d'*Auvergne,* continuées par celles du *Limousin,* et couronnant un vaste territoire très-élevé désigné sous le nom de *plateau central.*

Sur le versant de la Méditerranée, on ne remarque qu'une chaîne, mais la plus haute et la plus importante de toutes, celles des *Alpes occidentales.* Elle se détache, en Suisse, de l'arête principale de partage des eaux, et elle vient former la limite de la France sous les noms d'*Alpes Pennines,* d'*Alpes Grées,* d'*Alpes Cottiennes* et d'*Alpes Maritimes,* en envoyant des rameaux nombreux dans tout le S. E. de la

France, particulièrement les *Alpes du Dauphiné* et les *Alpes de Provence*.

Principaux sommets de la France.—Le plus haut sommet de la France est le mont *Blanc* (4810 mètres), dans les Alpes, sur la frontière de l'Italie. Les autres principaux points des Alpes de la limite de la France sont, du N. au S., le *Petit Saint-Bernard*, le mont *Cenis*, le mont *Tabor*, le mont *Genèvre* et le mont *Viso*.

Dans les Alpes de l'intérieur, on voit le *Grand Pelvoux*, le mont *Olan*, les pics des *Ecrins* et d'*Arsine*, le mont *Ventoux*.

Parmi les sommets des Pyrénées, on remarque le *pic du Midi* de *Bigorre* et le *pic du Midi* d'*Ossau* ou de *Pau*, qui sont sur le territoire français ; le mont *Perdu* et la *Maladetta*, sur le territoire espagnol. La Maladetta est la plus haute : elle a environ 3500 mètres.

Le mont *Dore* et le *Plomb du Cantal* sont les plus hauts points des montagnes d'Auvergne, et ont à peu près 1900 mètres. Le *Puy de Dôme* est aussi l'un des sommets principaux de ces montagnes.

Le mont *Mézenc*, la plus haute montagne des Cévennes, a environ 1800 mètres. La *Lozère* est un autre sommet remarquable de la même chaîne.

Le *Reculet*, le *Grand-Crédo* et le *Crêt de la Neige* sont les plus hauts points du Jura ; ils ont 1700 mètres.

Le *Ballon* de *Guebwiller*, qui n'est plus à la France, et le *Ballon d'Alsace*, sur la frontière, sont les plus hautes montagnes des Vosges, et ont de 1300 à 1400 mètres.

La *Corse* est traversée du nord au sud par une chaîne de hautes montagnes, dont les points principaux sont le *monte Cinto* et le *monte Rotondo* (2700 mètres).

Plaines.—La France a ses plus vastes plaines dans le nord, où l'on remarque surtout celles de la *Champagne*, de la *Brie*, de la *Beauce*, de la *Flandre*.

Au centre, on rencontre les belles plaines de la *Touraine*, surnommée le *Jardin de la France*, les tristes plaines de la *Sologne*, parsemées de landes, de mares et d'étangs, les plaines du *Berri* et les riches plaines de la *Limagne*.

A l'E., sont les fertiles plaines qui bordent la Saône, particulièrement celle de la *Bresse*, continuées par les plaines marécageuses de la *Dombes*.

Au S., O., s'étendent les plaines stériles des *Landes*, espèces de déserts couverts de bruyères, de sables, de mares et de forêts de pins.

XVII

FLEUVES ET RIVIÈRES.

Les eaux qui arrosent la France sont distribuées en quatre versants, dont trois appartiennent à la pente générale inclinée vers l'océan Atlantique, et le quatrième est incliné vers la Méditerranée.

Versant de la mer du Nord.

Du côté de la mer du Nord, coulent trois cours d'eau principaux : la *Moselle*, affluent du Rhin, auquel elle se joint en Allemagne ; la *Meuse* et l'*Escaut*.

La *Meurthe* s'unit à la Moselle, à droite.

La *Sambre* se jette dans la Meuse, par la gauche.

La *Scarpe* et la *Lys* affluent à la gauche de l'Escaut.

Versant de la Manche.

La *Somme*, la *Seine*, l'*Orne*, la *Vire* et la *Rance* se jettent dans la Manche.

De ces cinq cours d'eau, la Seine mérite seule le nom de *fleuve*. Elle prend sa source dans la Côte d'Or, coule au N., O., forme beaucoup de sinuosités, et entre dans la mer par une large embouchure, en face du Havre. Les affluents les plus remarquables de la Seine sont : à droite, l'*Aube*, la *Marne* et l'*Oise*, qui reçoit l'*Aisne* ; — à gauche, l'*Yonne*, le *Loing* et l'*Eure*.

Versant de l'Atlantique proprement dit et de la mer de France.

L'*Aulne* se jette dans l'Atlantique proprement dit, par la rade de Brest, vers l'extrémité occidentale de la Bretagne.

Le *Blavet*, la *Vilaine*, la *Loire*, ͵la *Sèvre Niortaise*, la
Charente, la *Seudre*, la *Garonne* (nommée *Gironde* dans son
cours inférieur) et l'*Adour* se rendent dans la mer de France.

La Vilaine reçoit l'*Ille*.

La Loire prend sa source dans les Cévennes, coule d'abord
au N., ensuite à l'O., et se jette dans la mer à Saint-Nazaire.
C'est le plus grand des fleuves de la France.

Les rivières principales que la Loire reçoit à droite sont la
Nièvre et la *Maine;* cette dernière rivière porte dans sa
partie supérieure le nom de *Mayenne*, et elle reçoit la *Sarthe*,
augmentée elle-même du *Loir*.— A gauche, la Loire reçoit
l'*Allier*, le *Loiret*, fort court, mais remarquable par l'abondance de sa source; le *Cher*, l'*Indre*, la *Vienne* (qui se grossit de la *Creuse*), enfin la *Sèvre Nantaise*.

La Sèvre Niortaise reçoit la *Vendée*.

La Garonne descend des Pyrénées, en Espagne, et se jette
dans l'Océan par une très-large embouchure, sous le nom de
Gironde, qu'elle ne prend qu'après avoir reçu la *Dordogne*.
Elle a pour affluents, à droite, l'*Ariége*, le *Tarn*, grossi de
l'*Aveyron*, le *Lot*, enfin la *Dordogne*, qui elle-même reçoit
la *Vézère* (grossie de la *Corrèze*) et l'*Ile;* à gauche, la Garonne s'augmente du *Gers*.

L'Adour reçoit le *Gave de Pau*.

Versant de la Méditerranée.

La Méditerranée reçoit la *Tet*, l'*Aude*, l'*Hérault*, le *Rhône*,
l'*Argens* et le *Var*.

Le Rhône est un fleuve extrêmement rapide; il prend sa
source dans les Alpes, en Suisse. Après avoir formé le lac de
Genève, il fait une petite partie de la limite entre la France
et la Suisse; il entre ensuite dans la France, et coule d'abord
à l'O., jusqu'à Lyon; de là il se dirige au S., et se rend dans
la mer par quatre embouchures.

La delta du Rhône s'appelle *Camargue*.

Les principales rivières que ce fleuve reçoit à droite sont:
l'*Ain;* la *Saône*, qui se grossit du *Doubs;* l'*Ardèche*, et le
Gard ou *Gardon*, sur lequel on admire un magnifique pont
aqueduc de construction romaine.

À gauche, il reçoit l'*Arve*, l'*Isère*, la *Drôme* et la *Durance*.

De tous les affluents du Rhône, le plus important est la Saône.

Grandeur comparée des fleuves de la France.

Le plus grand des fleuves qui arrosent la France est la Loire, qui a 1130 kilomètres de longueur; — le Rhône en a 800; — la Seine, 780; — et la Garonne avec la Gironde, 650.

LACS.

Le plus grand lac qui baigne la France est celui de *Genève* ou lac *Léman*, formé par le Rhône. — Au S. O. de ce lac, sont les lacs d'*Annecy* et du *Bourget*, qui s'écoulent dans le Rhône, et le lac de *Paladru*, qui s'écoule dans l'Isère.

On remarque encore dans l'E. de la France, au pied du Jura, le lac de *Nantua*, qui s'écoule dans l'Ain, et le lac de *Saint-Point*, formé par le Doubs; au pied des Vosges, les trois lacs de *Gérardmer*.

Dans l'O. de la France, vers l'embouchure de la Loire, est le lac de *Grand-Lieu*.

On trouve, le long de la côte du golfe du Lion, les étangs de *Thau*, de *Valcarès* et de *Berre*, qu'on peut considérer comme des lagunes.

CANAUX.

Le canal de *Saint-Quentin*, continué par le canal *Crozat*, unit l'Escaut à la Somme et à l'Oise.

Le canal *latéral à l'Oise* se rattache au précédent, et longe l'Oise jusque vers le confluent de l'Aisne.

Le canal de la *Somme* longe et prend tour à tour le cours de la rivière de ce nom.

Le canal de la *Sambre à l'Oise*, entre les versants de la mer du Nord et de la Manche, est encore un des principaux du N. la France.

Le canal des *Ardennes*, entre les mêmes versants, joint l'Aisne à la Meuse.

Le canal de l'*Aisne à la Marne* est comme la continuation du précédent.

Le canal de l'*Ourcq* amène à Paris les eaux de l'Ourcq, petite rivière qui se jette dans la Marne. La continuation de ce canal à travers Paris porte le nom de canal *Saint-Martin*, et se termine à la Seine.

Le canal de la *Haute-Seine* longe en partie le cours supérieur de la Seine.

Les canaux du *Loing*, d'*Orléans* et de *Briare* unissent la Seine à la Loire, par conséquent le versant de la Manche à celui de la mer de France.

Le canal de *Bourgogne* s'étend de l'Yonne à la Saône, et va du versant de la Manche à celui de la Méditerranée. — Le canal du *Rhône au Rhin*, ou de l'*Est*, en est à peu près la continuation, et joint la Saône au Rhin, par conséquent le versant de la Méditerranée à celui de la mer du Nord.

Le canal de la *Marne au Rhin* s'étend dans l'est de la France, et unit le versant de la Manche à celui de la mer du Nord.

Le canal du *Centre* joint la Loire à la Saône (le versant de l'Atlantique à celui de la Méditerranée).

Le canal *latéral à la Loire* longe ce fleuve depuis le canal de Briare jusqu'à celui du Centre. Le canal de *Roanne* en est la continuation méridionale.

Ce canal du *Nivernais* joint la Loire à l'Yonne, par suite le versant de la mer de France est uni à celui de la Manche.

Le canal du *Berri*, qui va du Cher à la Loire, se compose de deux branches : l'une commence au cours supérieur, l'autre au cours inférieur du Cher.

Le canal de *Nantes à Brest* s'étend de la Loire à la rade de Brest.

Le canal d'*Ille-et-Rance* unit les deux rivières de ces noms, par suite la Manche et la mer de France.

Le canal du *Languedoc* ou du *Midi*, appelé aussi canal des *Deux-Mers*, conduit de la Garonne à l'étang de Thau, et par conséquent à la Méditerranée. Il est continué par le canal des *Étangs* et par le canal de *Beaucaire*, qui aboutit au Rhône.

Le canal *latéral à la Garonne* longe le cours moyen de ce fleuve, à partir de Toulouse.

XVIII

CHEMINS DE FER. — ROUTES. — TÉLÉGRAPHIE.

Chemins de fer. — *Paris* est le centre des chemins de fer français. Six lignes principales en partent :

1° Le CHEMIN DE FER DU NORD, sur *Amiens*, *Arras*, *Douai*, *Lille*, et, avec ses rameaux, sur *Boulogne*, *Calais*, *Dunkerque*, vis-à-vis de l'Angleterre, et sur *Valenciennes*, *Gand*, *Bruxelles*, *Liége*, en Belgique, *Cologne*, en Allemagne.

2° et 3° Les deux lignes des CHEMINS DE L'OUEST, ayant leurs points de départ à Paris, et se portant, d'une part, sur *Rouen* et *le Havre*, sur *Caen* et *Cherbourg;* de l'autre, sur *Versailles* (*rive gauche*), *Chartres*, *le Mans*, *Laval*, *Rennes* et *Brest*.

4° Le CHEMIN D'ORLÉANS, qui, à Orléans, se sépare en deux grandes branches : l'une sur *Tours*, *Angers* et *Nantes*, avec l'embranchement de *Tours* à *Poitiers* et *Bordeaux;* l'autre sur *Vierzon* et *Bourges*, avec le rameau de *Limoges* et *Périgueux*, prolongé sur *Agen*, etc.

5° LE CHEMIN DE PARIS A LYON, par deux directions : l'une par *Dijon*, *Chalon-sur-Saône* et *Mâcon*, c'est-à-dire par la *Bourgogne*, avec des embranchements sur *Besançon*, *Neuchâtel* en Suisse, *Genève*, *Chambéry*, *Turin* (par le tunnel des *Alpes*) ; — l'autre par *Nevers*, *Moulins*, *Roanne*, et par *Tarare* ou par *Saint-Étienne;* c'est la ligne du *Bourbonnais*, avec des rameaux qui se rattachent à la ligne de la Bourgogne et au chemin d'Orléans, et un autre qui va à *Clermont*, à *Alais*, à *Nîmes*. LE CHEMIN DE LYON A LA MÉDITERRANÉE est la continuation de la ligne de Paris à Lyon, et se rend à *Marseille* par *Avignon;* il dirige des rameaux sur *Grenoble*, sur *Nîmes* et *Montpellier*, sur *Toulon* et *Nice*, etc.

6° LE CHEMIN DE L'EST sur *Strasbourg*, par *Châlons-sur-Marne*, *Bar-le-Duc*, *Nancy*, avec embranchements sur *Troyes*, *Belfort*, *Mulhouse* et *Bâle*, sur *Reims* et les Ardennes, sur *Metz* et *Mayence* en Allemagne).

Les CHEMINS·DU MIDI touchent, d'un côté, à la ligne de Lyon à la Méditerranée ; de l'autre, à celle d'Orléans à Bordeaux ; la ligne principale va de *Cette à Bordeaux*, en passant par *Narbonne, Carcassonne, Toulouse, Montauban, Agen*, et elle envoie des rameaux vers l'Espagne par *Perpignan* et par *Bayonne*, et vers *Aurillac* pour aller rejoindre la ligne de Clermont à Nîmes.

Il y a environ 20 000 kilomètres de chemin de fer exploités.

Routes. — Après les chemins de fer, les grandes voies de communication par terre sont les *routes nationales*, divisées en 3 classes : la première, de 13^m,64 de largeur ; la 2e, de 11^m,69, et la 3e, d'un peu moins de 11 mètres. — Viennent ensuite les *routes départementales*, de 8 à 10 mètres de largeur ; — et, au-dessous, les *chemins vicinaux de grande communication* ou *chemins de grande vicinalité* ; — puis les *chemins d'intérêt commun* ; — enfin les *chemins vicinaux ordinaires* ou *chemins communaux*. On compte environ 600 000 kilomètres de routes et chemins.

Télégraphie électrique. — Il y a environ 44 000 kilomètres de lignes télégraphiques.

GÉOGRAPHIE POLITIQUE.

XIX

DIVISIONS ADMINISTRATIVES, ECCLÉSIASTIQUES, ETC.

Anciennes divisions. — Avant la révolution de 1789, la France comprenait 36 provinces. La principale division politique ne consistait cependant qu'en 31 *gouvernements généraux militaires* ; car 6 de ces provinces, la *Picardie*, l'*Artois*, la *Saintonge*, l'*Angoumois*, la *Guienne* et la *Gascogne*, ne formaient que 3 gouvernements : ceux de *Picardie et Artois*, de *Saintonge et Angoumois*, de *Guienne et Gascogne*. L'État d'Avignon dépendait des Papes, et la Corse n'avait pas le titre de gouvernement général.

Divisions actuelles. — Aujourd'hui la France comprend 86 *départements* et, de plus, le territoire de Belfort. Chaque département se divise en un certain nombre d'*arrondissements*.

Chaque chef-lieu de département est la résidence d'un préfet, qui administre le département et en même temps l'arrondissement dont cette ville est le chef-lieu Les autres arrondissements sont administrés par des sous-préfets.

Les arrondissements sont divisés en *cantons*, à la tête de chacun desquels se trouve, pour rendre la justice, un magistrat nommé juge de paix.

Les cantons comprennent d'autres divisions plus petites, appelées *communes*, qui sont administrées par des maires.

Des conseils généraux, nommés par les cantons, sont chargés des intérêts départementaux et se réunissent aux chefs-lieux des départements. Il y a des conseils d'arrondissement, nommés aussi par les cantons. Chaque commune a un conseil municipal.

Cultes. — Le culte catholique, qui est celui de la grande majorité de la population française, a pour premiers administrateurs ecclésiastiques des archevêques, dont chacun a au-dessous de lui un certain nombre d'*évêques*, dits ses *suffragants*. On appelle *diocèse* le pays administré, sous le rapport ecclésiastique, par un archevêque ou par un évêque; ordinairement, chaque diocèse comprend le département dans lequel est situé le siége de l'archevêché ou de l'évêché. Il y a 17 archevêchés et 67 évêchés (en n'y comprenant plus ceux de Metz et de Strasbourg, et sans compter l'Algérie).

Les archevêchés sont : au N., *Paris, Rouen, Reims, Cambrai*; — à l'E., *Besançon, Lyon* et *Chambéry*; — à l'O., *Rennes*; — au centre, *Sens, Tours* et *Bourges*; — au S., *Bordeaux, Auch, Toulouse, Albi, Avignon* et *Aix*.

Chaque canton forme le ressort d'une *cure*, dont dépendent un certain nombre de succursales dirigées par les desservants des diverses paroisses ou communes.

Instruction publique. — L'administration de l'instruction publique est distribuée en seize académies universitaires, à la tête de chacune desquelles est un recteur. Ces académies sont : au N., *Paris, Caen, Douai*; — à l'E., *Nancy, B* sançon, *Dijon, Lyon, Chambéry, Grenoble ;* ⚊ au centre, *Clermont ;* ⚊ à l'O., *Rennes, Poitiers ;* ⚊ au S., *Bordeaux, Toulouse, Montpellier, Aix.*

Justice. — La justice est rendue, dans chaque canton, par les juges de paix ; au-dessus, sont les tribunaux de première instance, aussi nombreux que les arrondissements ; ces tribunaux ressortissent à vingt-six cours d'appel (il y en avait vingt-huit avant 1871). Au-dessus de ces cours, est celle de cassation.

Dans chaque département, il y a une cour d'assises, qui est un tribunal criminel temporaire, ressortissant à la cour d'appel de laquelle dépend ce département. Les juges sont les *jurés,* citoyens désignés par le sort.

Des tribunaux de commerce sont établis dans les principales villes commerçantes : les membres en sont élus par les notabilités commerciales de ces villes.

Des conseils de *prud'hommes,* institués dans la plupart des villes de commerce, sont composés moitié de patrons, moitié de contre-maîtres ou ouvriers, et destinés à juger les contestations qui peuvent s'élever entre ces diverses classes de personnes.

Divisions militaires. — La France est partagée en 18 régions de corps d'armée. (Voyez le tableau de la page 152.)

Arrondissements maritimes. — Les côtes, pour l'administration maritime, sont réparties en 5 arrondissements, qui ont pour préfectures les cinq grands ports militaires de l'État : 1ʳᵉ préfecture, *Cherbourg ;* 2ᵉ, *Brest ;* 3ᵉ, *Lorient ;* 4ᵉ *Rochefort ;* 5ᵉ *Toulon.*

XX

ANCIENNES PROVINCES.

Sur le versant de la mer du Nord, l'ancienne France avait quatre provinces : l'*Alsace,* capitale Strasbourg ; la *Lorraine,* capitale Nancy ; la *Flandre,* capitale Lille, et l'*Artois,* capitale Arras.

Sur le versant de la Manche, quatre : la *Picardie,* capitale Amiens; la *Champagne*, capitale Troyes; l'*Ile-de-France*, capitale Paris; la *Normandie*, capitale Rouen.

Une grande province à l'extrémité occidentale de la France, à la fois sur le versant de la Manche, sur celui de la mer de France et sur l'océan Atlantique proprement dit : c'est la *Bretagne*, capitale Rennes.

Dix-huit provinces appartenant au versant de la mer de France: c'est-à-dire :

1° Onze dans le bassin de la Loire. D'abord, sur les rives de ce fleuve : le *Bourbonnais*, capitale Moulins; le *Nivernais*, capitale Nevers; le *Berri*, capitale Bourges; l'*Orléanais*, capitale Orléans; la *Touraine*, capitale Tours; l'*Anjou*, capitale Angers. — Ensuite, à quelque distance de la Loire, à droite : le *Maine* avec le *Perche*, capitale le Mans; — et, à gauche, l'*Auvergne*, capitale Clermont; la *Marche*, capitale Guéret; le *Limousin*, capitale Limoges; le *Poitou*, capitale Poitiers.

2° Trois dans le bassin de la Charente : l'*Angoumois*, capitale Angoulême; la *Saintonge*, capitale Saintes; l'*Aunis*, capitale la Rochelle.

3° Quatre dans les bassins de la Garonne et de l'Adour : la *Guienne*, capitale Bordeaux; la *Gascogne*, capitale Auch; le *Béarn*, capitale Pau; le *Comté de Foix*, capitale Foix.

Deux provinces partagées presque également entre les versants de la Méditerranée et de la mer de France : le *Languedoc*, capitale Toulouse, et le *Lyonnais*, capitale Lyon.

Une province appartenant à la fois aux versants de la Méditerranée, de la Manche et de la mer de France : la *Bourgogne*, capitale Dijon.

Six provinces appartenant entièrement au versant de la Méditerranée : la *Franche-Comté*, capitale Besançon; le *Dauphiné*, capitale Grenoble; l'*État d'Avignon*[1], capitale Avignon; la *Provence*, capitale Aix; le *Roussillon*, capitale Perpignan; l'*île de Corse*, qui avait pour capitale Bastia.

En 1860, deux provinces, la *Savoie* et le *Comté de Nice*, cédées par les États-Sardes (devenus, depuis, le royaume d'Italie), ont été annexées à la France. En 1871, un fatal

---

1. L'État d'Avignon était composé du *Comtat d'Avignon* et du *Comtat Venaissin*.

traité nous a enlevé l'*Alsace* presque entière et le N. É. de la *Lorraine*, qui ont été cédés à l'Allemagne.

XXI

DÉPARTEMENTS COMPARÉS AUX ANCIENNES PROVINCES[1].

Versant de la mer du Nord. — L'ALSACE a formé deux départements : le *Haut-Rhin* et le *Bas-Rhin*, qui ont été cédés à l'Allemagne en 1871 (excepté, dans le Haut-Rhin, le territoire de Belfort).

La LORRAINE a formé quatre départements : les *Vosges*, la *Meurthe*, la *Moselle* et la *Meuse ;* mais, par le traité de 1871, nous avons perdu les quatre cinquièmes du département de la Moselle et le tiers du département de la Meurthe. Ce que nous avons conservé de ces deux départements a formé le département de *Meurthe-et-Moselle*.

La FLANDRE a formé le département du *Nord*.

L'ARTOIS a formé le département du *Pas-de-Calais*.

Versant de la Manche. — La PICARDIE a formé le département de la *Somme*.

La CHAMPAGNE a formé quatre départements : l'*Aube*, la *Haute-Marne*, la *Marne*, les *Ardennes*.

L'ILE-DE-FRANCE a formé cinq départements : la *Seine*, *Seine-et-Oise*, l'*Oise*, *Seine-et-Marne*, l'*Aisne*.

La NORMANDIE a formé cinq départements : la *Seine-Inférieure*, l'*Eure*, le *Calvados*, la *Manche*, l'*Orne*.

Versants réunis de la Manche et de l'Atlantique proprement dit. — La BRETAGNE a formé cinq départements : *Ille-et-Vilaine*, les *Côtes-du-Nord*, le *Finisterre*[2], le *Morbihan*, la *Loire-Inférieure*.

Versant de la mer de France. — Le BOURBONNAIS a ormé le département de l'*Allier*.

---

1. Il faut faire remarquer aux élèves que les départements correspondent seulement *à peu près* aux provinces que nous indiquons comme les ayant formés.

2. Cette orthographe est préférable à celle de *Finistère*, employée plus ordinairement.

Le NIVERNAIS a formé le département de la *Nièvre*.

Le BERRI a formé deux départements : le *Cher*, l'*Indre*.

L'ORLÉANAIS a formé trois départements : le *Loiret*, *Eure-et-Loir*, *Loir-et-Cher*.

La TOURAINE a formé le département d'*Indre-et-Loire*.

L'ANJOU a formé le département de *Maine-et-Loire*.

Le MAINE (avec le PERCHE) a formé deux départements : la *Sarthe*, la *Mayenne*.

L'AUVERGNE a formé deux départements : le *Puy-de-Dôme*, le *Cantal*.

La MARCHE a formé le département de la *Creuse*.

Le LIMOUSIN a formé deux départements : la *Corrèze*, la *Haute-Vienne*.

Le POITOU a formé trois départements : la *Vendée*, les *Deux-Sèvres*, la *Vienne*.

L'ANGOUMOIS a formé le département de la *Charente*.

L'AUNIS et la SAINTONGE ont formé le département de la *Charente-Inférieure*.

La GUIENNE a formé six départements : la *Dordogne*, le *Lot*, l'*Aveyron*, *Tarn-et-Garonne*, *Lot-et-Garonne*, la *Gironde*.

La GASCOGNE a formé trois départements : les *Landes*, le *Gers*, les *Hautes-Pyrénées*.

Le BÉARN a formé le département des *Basses-Pyrénées*.

Le COMTÉ DE FOIX a formé le département de l'*Ariége*.

Versants réunis de la mer de France et de la Méditerranée. — Le LANGUEDOC a formé huit départements : Trois baignés par la mer : l'*Aude*, l'*Hérault*, le *Gard*; et cinq dans l'intérieur : la *Haute-Garonne*, le *Tarn*, la *Lozère*, la *Haute-Loire*, l'*Ardèche*.

Le LYONNAIS a formé deux départem. : le *Rhône*, la *Loire*.

Versants réunis de la Manche, de la Méditerranée et de la mer de France. — La BOURGOGNE (avec la BRESSE) a formé quatre départements : l'*Yonne*, la *Côte-d'Or*, *Saône-et-Loire*, l'*Ain*.

Versant de la Méditerranée. — La FRANCHE-COMTÉ a formé trois départements : le *Doubs*, la *Haute-Saône*, le *Jura*.

LA SAVOIE a formé deux départements : celui de la *Savoie* et la *Haute-Savoie*.

Le DAUPHINÉ a formé trois départements : l'*Isère*, la *Drôme*, les *Hautes-Alpes*.

L'ÉTAT D'AVIGNON a formé le département de *Vaucluse*.

La PROVENCE a formé trois départements : les *Bouches-du-Rhône*, les *Basses-Alpes*, le *Var*.

Une grande partie du COMTÉ DE NICE (avec l'arrondissement de Grasse, distrait du département du Var) a formé le département des *Alpes-Maritimes*.

Le ROUSSILLON a formé le département des *Pyrénées-Orientales*.

La CORSE a formé le département de même nom.

XXII

DÉPARTEMENTS AVEC LEURS CHEFS-LIEUX ET LES AUTRES VILLES LES PLUS IMPORTANTES,

classés par versants maritimes et par bassins de fleuve.

VERSANT DE LA MER DU NORD

BASSIN DU RHIN

1° *Deux anciens départements sur le Rhin.*

Ancien départ. du HAUT-RHIN.

[Presque entièrement cédé à l'Allemagne en 1871.]

COLMAR, ville de 24 000 hab., était chef-lieu du département.

Mulhouse, sur l'Ill et sur le canal du Rhône au Rhin, célèbre par sa grande industrie du coton, par ses fabriques de toiles peintes, de machines, etc., et peuplée de 60 000 hab., était la plus grande ville de ce département.

Belfort ou *Béfort*, place très-forte, qui s'est vaillamment défendue contre les Allemands dans la guerre de 1870-71, a été conservée par la France.

Les autres villes principales du département étaient *Thann, Guebwiller, Sainte-Marie-aux-Mines*, maintenant à l'Allemagne.

Ancien départ. du BAS-RHIN.
[Tout entier réuni à l'Allemagne en 1871.]

STRASBOURG (85 000 hab.), sur l'Ill et près du Rhin, place très-forte, était le chef-lieu du département : c'est aujourd'hui la capitale du gouvernement allemand d'Alsace-Lorraine. — Belle cathédrale. ≖ Invention de l'imprimerie, au XVᵉ siècle. ≖ Bombardement et prise de la ville par les Allemands en 1870.

Les autres villes principales du département étaient *Schlestadt* et *Haguenau*.

2° Deux départements sur le cours de la Moselle.

Départ. des VOSGES.
[Une petite partie, à l'extrémité N. E., a été cédée à l'Allemagne en 1871.]

ÉPINAL (12 000 hab.), chef-lieu, sur la Moselle.

Saint-Dié, sur la Meurthe, et *Mirecourt*, intéressante par ses fabriques de dentelles et d'instruments de musique, sont ensuite les plus importantes villes de ce département, où l'on remarque aussi *Domremy*, lieu de naissance de Jeanne Darc, et *Plombières*, célèbre par ses eaux-minérales.

Départ. de MEURTHE-et-MOSELLE.
[Formé des parties laissées à la France dans les anciens départements de la MEURTHE et de la MOSELLE.]

NANCY, chef-lieu, très-belle ville. Magnifique place Stanislas. Broderies et tapisseries renommées. (53 000 hab.)

Autre ville remarquable : *Lunéville*. Château des anciens ducs de Lorraine. Fabriques de faïence. (15 000 hab.)

Dans la partie de l'ancien dép. de la Meurthe cédée à l'Allemagne, se trouve *Dieuze*, avec de grandes salines.

Dans la partie de l'ancien dép. de la Moselle cédée à l'Allemagne, la ville principale est METZ, place forte, sur la Moselle, qui était le chef-lieu de ce dép. Plusieurs batailles ont eu lieu aux environs, en 1870, avant la prise de la ville par les Prussiens. (55 000 hab.) — *Thionville*, aussi sur la Moselle, était la seconde ville du dép.

BASSIN DE LA MEUSE

Deux départements traversés par la Meuse.

Départ. de la MEUSE.

BAR-LE-DUC, chef-lieu, sur l'Ornain. (15 000 hab.)
Autre ville importante : *Verdun*, sur la Meuse. (13 000 h)

Départ. des ARDENNES.

MÉZIÈRES, chef-lieu, sur la Meuse. Place forte. Belle défense de Bayard en 1521. (4000 hab.)

La plus grande ville est *Sedan* (15 000 hab.) sur la Meuse, avec des fabriques de beaux draps. Trop fameuse par le grand désastre de l'armée française en 1870.

La seconde est *Charleville*, sur la Meuse, très-près de Mézières, et plus considérable que ce chef-lieu. Commerce de clouterie.

Autre lieu remarquable : *Rocroi*, célèbre par la victoire de Condé en 1643.

BASSIN DE L'ESCAUT.

1° Un département traversé par l'Escaut.

Départ. du NORD.

LILLE, chef-lieu, place forte. Cinquième ville de France. Industrie des tissus. (158 000 hab.)

Autres villes importantes : *Dunkerque*, place forte et port de mer. (34 000 hab.) — *Douai*, place forte. (24 000 hab.) — *Cambrai*, place forte, sur l'Escaut; Fénelon en a été archevêque. (23 000 hab.) — *Valenciennes*, place forte, sur l'Escaut. (24 000 hab.)

Roubaix (76 000 hab.), *Tourcoing* (43 000 hab.); *Armentières* (16 000 hab.), remarquables par leurs fabriques de toutes sortes de tissus.

Denain, *Anzin*. Mines de houille. Victoire de Villars à Denain en 1712.

2° *Sur le cours de la Scarpe et de la Lys, affluents de gauche de l'Escaut.*

Départ. du **PAS-DE-CALAIS.**

ARRAS, chef-lieu; place forte, sur la Scarpe. (27 000 hab.)

La plus grande ville du département est *Boulogne-sur-mer*, port très-fréquenté. (40 000 hab.)

On y remarque aussi le port de *Calais* (13 000 hab.), place assiégée et conquise par les Anglais en 1347, reprise sur eux en 1585, et *Saint-Pierre-lez-Calais*, qui fabrique des tulles renommés. (20 000 hab.)

VERSANT DE LA MANCHE

BASSIN DE LA SOMME
Départ. de la **SOMME.**

AMIENS, chef-lieu, sur la Somme (64 000 hab.). Belle cathédrale; fabriques de velours, de toiles, de tapis et de casimirs.

On remarque aussi *Abbeville*, sur la Somme. Fabriques de tapis, de moquettes et de toiles. (20 000 hab.)

BASSIN DE LA SEINE
1° *Six départements traversés par la Seine.*
Départ. de l'**AUBE.**

TROYES, chef-lieu, sur la Seine. Fabriques de toiles et de bonneterie; papeteries. Traité célèbre de 1420; entre la France et l'Angleterre. (38 000 hab.)

La seconde ville est *Bar-sur-Aube*, près de laquelle est *Brienne-le-Château*, célèbre par une ancienne école militaire où fut élevé Napoléon Ier.

Départ. de **SEINE-ET-MARNE.**

MELUN, chef-lieu, sur la Seine. (11 000 hab.)

On remarque aussi *Meaux*, sur la Marne (11 000 hab.),

dont Bossuet a été évêque, et *Fontainebleau*, près de la Seine, célèbre par son château et sa forêt. (12 000 hab.)

Départ. de la SEINE [1].

PARIS, chef-lieu de ce département et capitale de la France, est sur les deux rives et sur les deux îles de la Seine (l'île de la Cité, où Paris a pris naissance sous le nom de *Lutèce*, et l'île Saint-Louis). Le canal Saint-Martin, continué par le bassin de La Villette et le canal de l'Ourcq, traverse la partie orientale. La Bièvre, ou rivière des Gobelins, parcourt le sud-est. Cette grande ville a 33 kilomètres de circuit, 78 000 000 de mètres carrés et 2 000 000 d'hab. Elle est entourée de fortifications et défendue en outre par des forts détachés.

Deux graves événements ont cruellement frappé Paris en 1870 et 1871 : d'abord, le long siége et le bombardement qu'en ont faits les Prussiens ; ensuite l'insurrection de la Commune, accompagnée de l'incendie d'une partie de la ville et particulièrement de plusieurs des plus beaux monuments.

Les principaux *lieux de promenade* sont : les boulevards, les Champs-Élysées ; les jardins des Tuileries, du Luxembourg, des Plantes ; les parcs de Monceaux et des Buttes-Chaumont ; les squares du Temple, de la Tour Saint-Jacques, du Conservatoire des arts et métiers, etc.

Les *plus belles rues* sont celles de la Paix, de Castiglione, de Rivoli ; les boulevards proprement dits (c'est-à-dire ceux qui ont été élevés sur l'emplacement des anciennes fortifications abattues sous Louis XIV), les boulevards nouveaux de Sébastopol, Saint-Michel, Voltaire (ou du Prince-Eugène), de Magenta, Malesherbes, Haussmann, Saint-Germain, etc.

Les *plus belles places* sont la place Vendôme, celles de la Concorde, du Carrousel, de Saint-Sulpice, des Vosges, l'Esplanade des Invalides, le Champ de Mars.

Palais. — Les Tuileries (incendiées en 1871), le Louvre, le Palais-Royal, l'Élysée, le palais du Luxembourg, le palais

---

1. Plus détaillé que les autres, en vue des écoles du département de la Seine.

Paris, vue générale.

Bourbon, le palais de Justice, le palais de l'Institut, le palais de l'Industrie.

Principales églises. — Notre-Dame, Saint-Germain l'Auxerrois, Sainte-Geneviève (le Panthéon), Saint-Eustache, la Madeleine, Saint-Sulpice, Sainte-Clotilde, la Trinité.

PLAN DE PARIS

Principaux hospices et hôpitaux. — L'Hôtel-Dieu, l'hôpital Saint-Louis, l'hôpital Lariboisière, l'hospice des Quinze-Vingts, la Salpêtrière, l'hospice militaire du Val-de-Grâce.

Établissements consacrés aux sciences, aux lettres et à l'instruction. — L'Observatoire, l'Institut, la Sorbonne, le

Collége de France, l'École normale, [l'École polytechnique, l'École centrale des arts et manufactures, l'École de droit, l'École de médecine, l'École de pharmacie, l'École des Beaux-Arts, l'École des mines, le Muséum d'histoire naturelle, la Bibliothèque nationale, la bibliothèque Sainte-Geneviève, la bibliothèque Mazarine, celle de l'Arsenal, les Archives natio-

Environs de Paris.

nales, le Conservatoire de musique, celui des arts et métiers, le musée de Cluny, etc.

Autres monuments. — L'Hôtel de ville (incendié en 1871), la Bourse, la Banque, la Monnaie, l'Hôtel des Invalides, l'Opéra, la colonne de Juillet ou de la Bastille, l'Arc de triomphe de l'Étoile, la Tour Saint-Jacques, la colonne Vendôme, renversée en 1871, mais rétablie depuis.

Plusieurs lieux ont été annexés à Paris en 1860; les principaux sont :

A droite de la Seine :

Bercy.	*La Chapelle.*
Une partie de *Saint-Mandé.*	*Montmartre.*
Charonne.	*Les Batignolles-Monceaux.*
Ménilmontant.	*Les Ternes.*
Belleville.	*Passy.*
La Villette.	*Auteuil.*

A gauche de la Seine :

Grenelle.

Vaugirard.

Le Petit-Montrouge.

Des portions de *Gentilly* et d'*Ivry* (*La Gare*, etc.).

Paris, avec toute ces annexions, comprend 20 arrondissements, divisés en 80 quartiers.

Deux sous-préfectures. — *Saint-Denis* (32 000 hab.), place fortifiée, sur le canal de même nom et près de la droite de la Seine. Belle église de l'ancienne abbaye.

Sceaux, dans une jolie situation.

Autres lieux remarquables. — 1° Sur la Seine ou très-près de la Seine :

Choisy-le-Roi. Fabriques de faïence, de produits chimiques, de maroquins.

Vitry-sur-Seine. Pépinières.

Ivry-sur-Seine.

Boulogne-sur-Seine, près du beau bois de ce nom, où se trouve le Jardin d'acclimatation.

Neuilly-sur-Seine.

Surênes, au pied du mont Valérien, couronné par une forteresse importante.

Puteaux. Nombreux établissements d'industrie.

Courbevoie.

Levallois-Perret.

Clichy-la-Garenne. Produits chimiques, verrerie et cristallerie.

Anières.

2° Sur la Marne :

Nogent-sur-Marne, près du bois de Vincennes.

Saint-Maur, sur le canal de même nom, qui fait éviter aux bateaux une courbure de la Marne.

Charenton, près du confluent de la Marne et de la Seine. Célèbre maison d'aliénés.

Alfort. École vétérinaire.

3° A quelque distance et à droite de la Seine :

Vincennes, avec un beau bois du même nom et un château fort.

Montreuil-sous-Bois. Pêches renommées.

Fontenay-sous-Bois, *Saint-Mandé*, à côté du bois de Vincennes.

Pantin.

Romainville.

Aubervilliers ou *Notre-Dame-des-Vertus.*

4° A quelque distance et à gauche de la Seine :

Villejuif.

Gentilly. Hospice de Bicêtre.

Arcueil. Aqueduc remarquable.

Bourg-la-Reine. Faïence; commerce de bestiaux.

Fontenay-aux-Roses. Joli village. Grande culture de roses et de fraises.

Montrouge, Vanves, Bagneux, Châtillon, Clamart, Issy. Carrières de belles pierres de construction.

Nanterre. Souvenir de sainte Geneviève. Manufacture d'aluminium.

Départ. de SEINE-ET-OISE [1]

VERSAILLES, chef-lieu. (62 000 hab.) Château et musée historique, jardins et parcs magnifiques. Siége de l'Assemblée nationale et du gouvernement de la France.

Les sous-préfectures sont *Corbeil* (blés, farines) et *Mantes*, sur la Seine; — *Pontoise*, sur l'Oise; — *Étampes* (blés),

---

1. Quelques détails de plus pour ce département, à cause de son voisinage de Paris.

dans le S. du département ; — *Rambouillet* (château et forêt), dans le S. O.

La plus grande ville du département, après Versailles, est *Saint-Germain en Laye*, près de la Seine. Château, avec musée archéologique : belle forêt. (23 000 hab.)

Autres lieux remarquables :

Sur la Seine ou très-près : *Meudon* (bois et ruines d'un château), *Sèvres* (manufacture de porcelaine), *Saint-Cloud* (ruines d'un château, beau parc), *Argenteuil* (figues et vin), *Rueil*, *Bougival*, *Marly* (machine et aqueduc), *Poissy*.

A quelque distance à droite de la Seine : *Montmorency* (forêt), *Enghien* (lac et bains d'eaux minérales) ; — à gauche, *Saint-Cyr* (école militaire), *Grignon* (école d'agriculture).

Départ. de l'EURE.

ÉVREUX, chef-lieu. (12 000 hab.).

La seconde ville est *Louviers*, sur l'Eure, avec des fabriques de beaux draps. (12 000 hab.)

Départ. de la SEINE-INFÉRIEURE.

ROUEN, chef-lieu, sur la Seine ; port très-fréquenté. Neuvième ville de France. Belles églises gothiques. Teintureries renommées. Fabriques de toiles de coton (*rouenneries*), de faïence, etc. (102 000 hab.)

Les trois villes les plus importantes du département sont ensuite :

Le Havre, port de mer très-commerçant, à l'embouchure de la Seine. (87 000 hab.) Dixième ville de France.

Dieppe, autre port. (20 000 hab.)

Elbeuf, sur la Seine, avec des fabriques de draps. (22 000 hab.)

2° *Quatre départements dans les bassins de la Marne et de l'Oise, affluents de droite de la Seine.*

Départ. de la HAUTE-MARNE.

CHAUMONT, chef-lieu, sur la Marne. (8 000 hab.)

La plus grande ville du département est *Langres*, qui fait de la coutellerie renommée. (10 000 hab.)

Château et parc de Versailles.

Départ. de la MARNE.

CHALONS-SUR-MARNE, chef-lieu. (16 000 hab.)

La plus grande ville du département est *Reims*, avec une belle cathédrale, où l'on sacrait les rois de France; on y voi aussi la curieuse église de Saint-Remi. Fabriques d'étamines et de casimirs. Commerce de vins de Champagne. (72 000 h.)

Épernay, sur la Marne, fait aussi un grand commerce de vins.

Départ. de l'AISNE [1].

LAON, chef-lieu; place forte. (10 000 hab.).

La plus grande ville est *Saint-Quentin*, sur la Somme, avec des fabriques de basins, de gazes, etc. (35 000 hab.)

Une autre ville célèbre du département est *Soissons*, sur 'Aisne, qui a été le siége de l'empire de Clovis et longtemps la capitale d'un royaume de même nom, sous les Mérovingiens. (10 000 hab.)

Départ. de l'OISE.

BEAUVAIS, chef-lieu. Belle cathédrale. Manufacture de tapisseries. Fabriques de draps. Tabletterie. Belle résistance de Jeanne Hachette contre les Bourguignons, en 1472. (15 000 hab.)

La seconde ville du département est *Compiègne*, vers le confluent de l'Oise et de l'Aisne. Château et forêt. (12 000 h.) Dans le voisinage est *Pierrefonds*, avec un musée historique et des eaux minérales.

3° *Deux départements dans les bassins de l'Yonne et du cours supérieur de l'Eure, affluents de gauche de la Seine.*

Départ. de l'YONNE.

AUXERRE, chef-lieu, sur l'Yonne. Commerce de vins. (15 000 hab.)

1. Prononcez *Aîne*. On a établi l'usage très-convenable de supprimer la lettre *s*, et de la remplacer par un accent circonflexe, dans les mots *île*, *Bâle*, *Nîmes*, etc. Il serait rationnel de faire une réforme semblable pour le mot *Aisne*, et l'on devrait écrire *Aîne* ; mais l'usage n'admet pas encore cette orthographe.

La plus grande ville ensuite est *Sens*, sur l'Yonne, avec une belle cathédrale. (11 000 hab.) — *Joigny* et *Tonnerre* ont des vins renommés.

Départ. d'EURE-ET-LOIR.

CHARTRES, chef-lieu, sur l'Eure. Belle cathédrale. Commerce de grains et de chevaux. (20 000 hab.)

On remarque ensuite *Dreux*, où se livra une grande bataille entre les catholiques et les protestants en 1562; — *Châteaudun*, qui s'est illustrée par une belle défense contre les Prussiens en 1870.

BASSIN DE L'ORNE.

Départ. de l'ORNE.

ALENÇON, chef-lieu, sur la Sarthe. Fabriques de toiles et de dentelles. (16 000 hab.)

Les plus importantes villes ensuite sont *Flers* (10 000 h.), qui fabrique des coutils et des toiles, et *Laigle*, renommée par ses aiguilles et ses épingles.

Départ. de CALVADOS.

CAEN, chef-lieu, sur l'Orne et sur un canal maritime, avec un port. (42 000 hab.)

Les autres villes importantes de ce département sont :

Lisieux, avec des fabriques de lainages et de toile (13 000 hab.)

Falaise, qui a des teintureries, des fabriques de bonneterie et des foires célèbres. (8 000 hab.)

Bayeux, qui fait des dentelles renommées. (9 000 h.)

BASSINS DE LA VIRE ET DE LA RANCE.

Départ. de la MANCHE.

SAINT-Lô, chef-lieu, sur la Vire. (10 000 hab.)

La plus grande ville est *Cherbourg*, important port militaire. (36 000 h.) — *Granville* (15 000 h.) est un port commerçant.

Départ. des COTES-DU-NORD.

SAINT-BRIEUC, chef-lieu (15 000 hab.)
La seconde ville est *Dinan*, port sur la Rance.

VERSANT DE L'ATLANTIQUE PROPREMENT DIT ET DE LA MER DE FRANCE.

BASSIN DE L'AULNE, DU BLAVET ET DE LA VILAINE.

Départ. du FINISTERRE.

QUIMPER-CORENTIN ou simplement QUIMPER, chef-lieu.
(13 000 hab.)
La plus grande ville est *Brest*, port militaire, le plus beau
et le plus sûr de la France, à côté d'une vaste rade de même
nom. (66 000 hab.)
Morlaix, vers la Manche, est une autre ville importante
du département, avec un port sur une rivière du même
nom. (14 000 hab.)

Départ. du MORBIHAN.

VANNES, chef-lieu, vers le golfe du Morbihan. (15 000 h.)
La plus importante ville est *Lorient*, port militaire, sur le
Blavet et le Scorff, à peu de distance de la mer. (35 000 hab.)

Départ. d'ILLE-ET-VILAINE.

RENNES, chef-lieu, au confluent de l'Ille et de la Vilaine.
(52 000 hab)
Saint-Malo est un célèbre port de mer, à l'embouchure
de la Rance. Patrie de Chateaubriand et de Duguay-Trouin.
(12 000 hab.)
Saint-Servan est aussi un port remarquable, très-près de
Saint-Malo, vers l'embouchure de la Rance. (12 000 hab.)

Rennes.

BASSIN DE LA LOIRE.

1° *Huit départements traversés par la Loire.*

Départ. de la HAUTE-LOIRE.

LE PUY, chef-lieu, près de la Loire. Fabriques de dentelles et de blondes. (20 000 hab.)

La seconde ville est *Brioude*, sur l'Allier.

Départ. de la LOIRE.

SAINT-ÉTIENNE, chef-lieu. Manufactures d'armes. Fabriques de quincaillerie, de coutellerie, de rubans, etc. Mines de charbon de terre. — Huitième ville de France. (111 000 h.)

La plus importante ville ensuite est *Roanne*, sur la Loire. (20 000 hab.)

Montbrison a été longtemps chef-lieu du département.

Rive-de-Gier (15 000 hab.) et *Saint-Chamond* (13 000 h.) sont remarquables par leurs mines de charbon de terre et leurs fabriques d'acier, de rubanerie et de clouterie; *Saint-Galmier*, par ses eaux minérales.

Départ. de la NIÈVRE.

NEVERS, sur la Loire, près du confluent de la Nièvre. Commerce de fers, de bois, de faïence et de vins. Forges importantes dans le voisinage. (22 000 hab.)

Les deux villes les plus considérables ensuite sont *Cosne* (prononcez *Cône*), sur la Loire, importante par le commerce du fer, et *Clamecy*, par le commerce du bois.

Départ. du LOIRET.

ORLÉANS, chef-lieu, sur la Loire. Illustrée par la défense de Jeanne Darc, en 1428. Belle cathédrale. Fabriques de couvertures de laine, industrie du coton, commerce de vins, de vinaigre et de bois. (50 000 hab.)

La seconde ville du département est *Montargis*.

Départ. de LOIR-ET-CHER.

BLOIS, chef-lieu, sur la Loire. Ancien château, où naquit Louis XII et où résidèrent François Ier, Charles IX et

Tours.

Henri III. (20 000 hab.) Dans le voisinage est le château de Chambord.

La seconde ville est *Vendôme*, sur le Loir.

Départ. d'INDRE-ET-LOIRE.

TOURS, chef-lieu, sur la Loire et près du Cher. Cathédrale remarquable. (43 000 hab.) — Dans le voisinage, plusieurs anciennes résidences royales et la colonie agricole de *Mettray* pour les jeunes détenus.

La seconde ville est *Chinon*, sur la Vienne, qui fut le siége de la cour de Charles VII. — *Loches* et *Amboise* ont des châteaux célèbres.

Départ. de MAINE-ET-LOIRE.

ANGERS, chef-lieu, sur la Maine. Commerce de vins, de bestiaux et d'ardoises. (58 000 hab.)

La seconde ville est *Saumur*, sur la Loire. (13 000 hab.)

La troisième, *Cholet*, avec des fabriques de toiles et de mouchoirs, et un commerce de bœufs. (13 000 hab.)

Départ. de la LOIRE-INFÉRIEURE.

NANTES, chef-lieu, sur la Loire. Port très-commerçant. (119 000 hab.)

La ville la plus importante ensuite est *Saint-Nazaire*, port à l'embouchure de la Loire. (20 000 hab.)

2° *Deux départements dans les bassins de la Sarthe et de la Mayenne, à droite de la Loire.*

Départ. de la SARTHE.

LE MANS, chef-lieu, sur la Sarthe. Commerce de toiles, etc. (47 000 hab.)

Autre ville importante : *la Flèche*, sur le Loir, avec un Prytanée militaire.

Départ. de la MAYENNE.

LAVAL, chef-lieu, sur la Mayenne. Commerce de fil et de toiles. (27 000 hab.)

Mayenne, la seconde ville du département, sur la rivière de même nom, a aussi un commerce de toiles. (10 000 hab.)

3° *Deux départements sur la rive gauche de la Loire et dans les bassins de l'Allier et du Cher.*

Départ. de l'ALLIER.

*MOULINS, sur l'Allier. (20 000 hab.)

La ville la plus industrieuse du département est *Montluçon*, sur le Cher. Manufacture de glaces. (21 000 hab.)

Commentry (12 000 hab.) a, de grandes forges et des mines de charbon de terre, et *Vichy*, des eaux minérales très-renommées.

Départ. du CHER.

BOURGES, chef-lieu. Fabriques de draps et de toiles peintes. Forges. Belle cathédrale. (31 000 hab.)

Vierzon, sur le Cher, est une ville intéressante par ses forges et sa manufacture de porcelaine.

4° *Cinq départements dans les bassins de l'Allier, de l'Indre et de la Vienne, affluents de gauche de la Loire, et sur le versant nord des montagnes d'Auvergne et du Limousin.*

Départ. du PUY-DE-DÔME (ainsi nommé d'une des principales montagnes d'Auvergne).

*CLERMONT-FERRAND., chef-lieu. Étoffes de laine. Pâtes renommées, dites d'*Auvergne*. (37 000 hab.)

La ville essentiellement industrielle du département est *Thiers*, importante par sa coutellerie, ses papeteries et ses tanneries. (17 000 hab.)

Riom (11 000 hab.) est aussi remarquable par son industrie. = Aux *Bains du Mont-Dore*, sont des eaux minérales célèbres.

Départ. de la CREUSE.

GUÉRET, chef-lieu. (6000 hab.)

Aubusson, sur la Creuse, avec des manufactures de tapis et de tapisseries, est la ville la plus importante du département.

Départ. de l'INDRE.

CHATEAUROUX, chef-lieu, sur l'Indre. Commerce de draps et de bestiaux. (18 000 hab.)

Issoudun, la seconde ville, a des fabriques de draps et de parchemin et un commerce de fer. (14 000 hab.)

Départ. de la HAUTE-VIENNE.

LIMOGES, chef-lieu, sur la Vienne. Fabriques de porcelaine et de lainages (55 000 hab.)

La seconde ville est *Saint-Yrieix*, qui a des carrières de kaolin et des fabriques de porcelaine.

Départ. de la VIENNE.

POITIERS, chef-lieu. Belle cathédrale. (30 000 hab.)

La seconde ville du département est *Châtellerault*, sur la Vienne. Manufacture d'armes. Coutellerie renommée. (16 000 hab.)

BASSINS DE LA SÈVRE NIORTAISE ET DE LA CHARENTE

Départ. des DEUX-SÈVRES.

NIORT, chef-lieu, sur la Sèvre Niortaise. (21 000 hab.)

La seconde ville est *Parthenay*, qui donne son nom à une race de bestiaux.

Départ. de la VENDÉE.

LA ROCHE-SUR-YON (appelée, sous les deux empires, NAPOLÉON-VENDÉE, et, sous les Bourbons, BOURBON-VENDÉE), chef-lieu. (9000 hab.)

Fontenay-le-Comte, sur la Vendée, et *les Sables-d'Olonne*, sont les villes les plus importantes ensuite.

Départ. de la CHARENTE.

ANGOULÊME, chef-lieu, sur la Charente. Fabriques de beau papier, de lainage et de faïence. (25 000 hab.)

La seconde ville est *Cognac*, sur la Charente. Eaux-de-vie renommées. (12 000 hab.)

Départ. de la CHARENTE-INFÉRIEURE.

LA ROCHELLE, chef-lieu. Port de mer. Manufactures de faïence. Commerce d'eaux-de-vie. (20 000 hab.) Siége fameux de 1628, soutenu contre Richelieu.

La plus grande ville du département est *Rochefort*, port militaire, sur la Charente, près de son embouchure. (30 000 hab.)

Limoges.

Une autre ville importante est *Saintes*, sur la Charente. Commerce d'eaux-de-vie renommées (12 000 hab.)

BASSIN DE LA GARONNE (AVEC LA GIRONDE).

1o *Trois départements dans le bassin particulier de la Dordogne et sur le versant sud des montagnes de l'Auvergne et du Limousin.*

Départ. du CANTAL.

AURILLAC, chef-lieu. Commerce de dentelles, de chaudronnerie et de bestiaux. (11 000 hab.)

La seconde ville est *Saint-Flour*, sur une masse de rochers basaltiques.

Départ. de la CORRÈZE.

TULLE, chef-lieu, sur la Corrèze. Manufacture d'armes. Commerce de fer et de cuivre. (13 000 hab.)

La ville la plus importante ensuite est *Brive*, sur la Corrèze. (10 000 hab.)

Départ. de la DORDOGNE.

PÉRIGUEUX, chef-lieu, sur l'Ile (22 000 hab.). Belle cathédrale. Antiquités romaines.

La seconde ville est *Bergerac*, sur la Dordogne. Vins renommés. (12 000 hab.)

2o *Quatre départements traversés par la Garonne.*

Départ. de la HAUTE-GARONNE.

TOULOUSE, chef-lieu, sur la Garonne, vers la jonction du canal du Midi. Bel hôtel de ville, nommé le Capitole. Fabriques de faux et de limes renommées. (125 000 hab.)

Bagnères-de-Luchon a des eaux minérales célèbres.

Départ. de TARN-ET-GARONNE.

MONTAUBAN, chef-lieu, sur le Tarn. Industrie du coton, de la laine et de la soie. (26 000 hab.)

La seconde ville est *Moissac*, sur le Tarn, avec les restes d'une abbaye célèbre.

Toulouse.

Départ. de LOT-ET-GARONNE.

AGEN, chef-lieu, sur la Garonne. Commerce de minoterie (de farine) et de prunes renommées. (18 000 hab.)

Autre ville importante, *Villeneuve-sur-Lot*. (13 000 hab.)

Départ. de la GIRONDE.

BORDEAUX, chef-lieu, sur la Garonne, au milieu des vignobles les plus abondants de la France. Très-belle ville, la quatrième de la France par sa population, qui s'élève à 200 000 hab. Port très-fréquenté.

La seconde ville est *Libourne*, port commerçant sur la Dordogne. (15 000 hab.)

3° *Cinq départements à droite de la Garonne.*

Départ. de l'ARIÉGE.

FOIX, chef-lieu, sur l'Ariége. Commerce d'acier et de limes. (7000 hab.)

L'autre ville la plus importante est *Pamiers*, sur l'Ariége, qui fait commerce de faux et de limes.

Départ. du TARN.

ALBI, chef-lieu, sur le Tarn. Belle cathédrale. (17 000 h.)

La plus grande ville est *Castres*, avec des fabriques de draps. (21 000 hab.)

Mazamet a aussi des fabriques de draps. (10 000 hab.)

Départ. de la LOZÈRE (ainsi nommé d'une montagne des Cévennes).

MENDE, chef-lieu, sur le Lot. Fabriques de serges. (6000 hab.)

La seconde ville est *Marvejols*, qui fabrique des étoffes de laine.

Départ. de l'AVEYRON.

RODEZ, chef-lieu, sur l'Aveyron. Belle cathédrale. Fabriques de lainages (12 000 hab.)

La ville la plus importante est *Millau*, sur le Tarn, remarquable par l'industrie des peaux. (14 000 hab.)

Villefranche-d'Aveyron ou *Villefranche-de-Rouergue*, sur l'Aveyron, est le siége d'une industrie active, surtout pour les fers. (10 000 hab.)

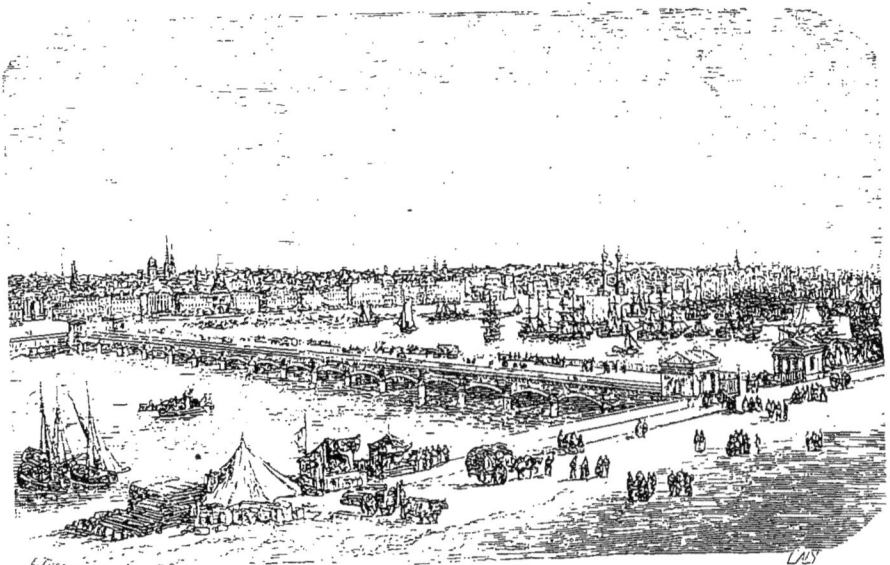

Port de Bordeaux.

Départ. du LOT.

CAHORS, chef-lieu, sur le Lot. Vins estimés. (14,000 h.).
La seconde ville est *Figeac.*

4° *Un département à gauche de la Garonne.*

Départ. du GERS.

AUCH, chef-lieu, sur le Gers. Magnifique cathédrale.
(13 000 hab.)

Condom, la plus importante ville ensuite, commerce en
vins et en eaux-de-vie d'Armagnac.

BASSIN DE L'ADOUR ET VERSANT NORD DES PYRÉNÉES.

Départ. des HAUTES-PYRÉNÉES.

TARBES, chef-lieu, sur l'Adour. (16 000 hab.)
Il y a dans ce département beaucoup de sources miné-
rales renommées : celles de *Bagnères-de-Bigorre, Baréges,
Saint-Sauveur, Cauterets,* etc.

Départ. des BASSES-PYRÉNÉES.

PAU, chef-lieu. Château où est né Henri IV. (27 000 hab.)
Une autre importante ville du département est *Bayonne,*
sur l'Adour, près de son embouchure. Port très-commerçant
et célèbre place forte. (27 000 hab.)
On remarque aussi dans ce département le célèbre établissement thermal des *Eaux-Bonnes.*

Départ. des LANDES.

MONT-DE-MARSAN, chef-lieu, sur la Midouze. Commerce
de vins, d'eaux-de-vie, de liége et de résine. (9000 hab.)
Dax, sur l'Adour, est la ville la plus importante ; elle commerce en bois de pin et en résine, et a des eaux thermales.

VERSANT DE LA MÉDITERRANÉE.

BASSINS DE LA TET, DE L'AUDE ET DE L'HÉRAULT.

Départ. des PYRÉNÉES-ORIENTALES.

PERPIGNAN, chef-lieu, à peu de distance de la Méditerranée, sur la Tet. Place forte. Commerce de vins. (25 000 h.)

La seconde ville est *Céret*, près de laquelle est l'établissement thermal d'*Amélie-les-Bains*.

Départ. de l'AUDE.

CARCASSONNE, chef-lieu, sur l'Aude. (22 000 hab.)

On remarque aussi *Castelnaudary* (10 000 hab.), sur le canal du Midi, et *Narbonne*, ville très-ancienne, près de la Méditerranée, à laquelle elle communique par un canal. Belle cathédrale. Commerce de miel renommé. (17 000 hab.)

Départ. de l'HÉRAULT.

MONTPELLIER, chef-lieu. Belle place du Peyrou. Célèbre école de médecine et beau jardin botanique. Fabriques d'étoffes de laine, de siamoises et de vert-de-gris. Commerce de vins et d'eaux-de-vie. (58 000 hab.)

On remarque aussi l'importante ville de *Béziers*, sur le canal du Midi (31 000 hab.) ; — *Lodève*, qui a des fabriques de draps (11 000 hab.); — *Cette*, port très-important, sur une langue de terre qui sépare l'étang de Thau de la Méditerranée; commerce d'eaux-de-vie, de vins, de liqueurs, etc. (21 000 hab.); — *Agde*, port sur l'Hérault (10 000 hab.)

BASSIN DU RHÔNE.

1° *Quatre départements sur la rive droite du Rhône.*

Départ. de l'AIN.

BOURG, chef-lieu. Belle église de Brou. (14 000 hab.)

La seconde ville est *Belley*, près du Rhône.

Départ. du RHONE.

LYON, chef-lieu, au confluent du Rhône et de la Saône. Seconde ville de France (325 000 hab.). On y remarque l'hôtel de ville, le palais Saint-Pierre, le palais du Commerce, la cathédrale Saint-Jean, la place Bellecour, la place des Terreaux, le parc de la Tête-d'Or, etc. Nombreuses fabriques de belles soieries. Commerce très-considérable.

Les autres villes importantes du département sont *Ville-franche-sur-Saône* (13 000 hab.) et *Tarare* (15 000 hab.), célèbre par ses fabriques de mousselines.

Départ. de l'ARDECHE.

PRIVAS, chef-lieu. Commerce de cuirs. (7000 hab.) ·

La ville la plus considérable du département est *Annonay*, avec des papeteries, des mégisseries, des filatures de soie. Les frères Montgolfier y ont inventé les ballons. (18 000 h.)

Départ. du GARD.

NÎMES, chef-lieu, à peu de distance du Gard. Il y a plusieurs monuments antiques, dont les plus remarquables sont l'Amphithéâtre (ou les Arènes), la Maison-Carrée, le temple de Diane et la tour Magne. Manufactures de soieries. (62 000 hab') — Dans le voisinage, est le magnifique pont du Gard; aqueduc romain.

Les plus importantes villes sont ensuite : *Alais*, qui a des fabriques de rubans de soie, des forges importantes, des mines de charbon de terre (20 000 hab.), et *Beaucaire*, sur le Rhône, avec des foires célèbres, aujourd'hui bien déchues. (13 000 hab.)

2° *Six départements sur la rive gauche du Rhône.*

Départ. de la HAUTE-SAVOIE.

ANNECY, chef-lieu, sur le lac de même nom. (12 000 h.) La seconde ville est *Thonon*, sur le lac de Genève.

Départ. de la SAVOIE.

CHAMBÉRY, chef-lieu. (18 000 hab.)
Aix-les-Bains, près du lac du Bourget, a des eaux minérales célèbres.

Lyon.

Départ. de l'ISÈRE.

GRENOBLE, chef-lieu, sur l'Isère. Place forte. Ganterie renommée. (43 000 hab.)

La seconde ville est *Vienne*, sur le Rhône. Fabriques de draps. Mines de plomb argentifère. (20 000 hab.)

Départ. de la DROME.

VALENCE, chef-lieu, sur le Rhône. (20 000 hab.)

La seconde ville est *Montélimar*, commerçante en soie. (11 000 hab.) — On remarque aussi *Romans*, sur l'Isère.

Départ. de VAUCLUSE.

AVIGNON, chef-lieu, sur le Rhône. Cette ville a été long-temps la résidence des Papes. On y remarque surtout leur ancien palais. Commerce de vins, de soieries, d'huiles, de parfums et de garance. (38 000 hab.) On remarque aussi :

Carpentras, ancienne capitale du Comtat Venaissin. (11 000 hab.)

Orange, ancienne capitale d'une principauté de même nom, et curieuse par ses monuments romains. (11 000 hab.)

Départ. des BOUCHES-DU-RHONE.

MARSEILLE, chef-lieu, sur le golfe du Lion; notre premier port de commerce. C'est la troisième ville de France par sa population, qui est de 313 000 habitants. Fabriques de savon renommé. Grand commerce d'huile, de blé et de toutes les marchandises du monde.

Les plus grandes villes ensuite sont : *Aix*, dont l'huile d'olive est très-estimée et qui a des eaux minérales. (28 000 h.)

Arles, sur le Rhône, avec d'anciens et curieux monuments. (26 000 hab.)

Tarascon, sur le Rhône. Chapellerie. (12 000 hab.)

3° *Cinq départements à droite du Rhône, dans le bassin de la Saône, à l'ouest du mont Jura.*

Départ. du JURA.

LONS-LE-SAUNIER, chef-lieu. Salines. (10 000 hab.)

La plus grande ville du départ. est *Dôle*, sur le Doubs. (12 000 hab.)

Marseille.

On remarque aussi *Saint-Claude*, qui a des fabriques renommées de toutes sortes d'ouvrages en; bois, en corne,
en écaille et en ivoire ; — *Salins*, qui a d'importantes salines.

Départ. du DOUBS.,

BESANÇON, chef-lieu, place forte, sur, le Doubs. Commerce
d'horlogerie. (49 000 hab.)

La ville la plus importante ensuite est *Montbéliard*, sur le
canal du Rhône au Rhin.

Départ. de la HAUTE-SAÔNE.

VESOUL, chef-lieu. (8000 hab.)

La seconde ville est *Gray*, sur la Saône, commerçante en
grains et en fer.

Départ. de la CÔTE D'OR.

DIJON (43 000 hab.), chef-lieu, sur l'Ouche, affluent de
la Saône, et sur le canal de Bourgogne. Belle ville. Cathédrale remarquable. — La ville la plus importante ensuite est
Beaune. Excellents vins. (11 000 hab.)

Départ. de SAÔNE-ET-LOIRE.

MACON, chef-lieu, sur la Saône. Vins renommés. (18 000 h.)

Les autres villes importantes du département sont : *Chalon-sur-Saône*, à la jonction du canal du Centre et de la
Saône. (20 000 hab.)

Autun, ville intéressante par ses antiquités. (12 000 hab.)

Le Creusot, avec des mines de charbon de terre, des
forges célèbres et un grand établissement pour la construction
des machines à vapeur. (25 000 hab.)

Cluny, célèbre par son ancienne abbaye, qui est aujour-
d'hui occupée par l'École normale de l'enseignement secon-
daire spécial.

4° *Deux départements à gauche du Rhône, dans le bassin de la
Durance, sur le versant O. des Alpes.*

Départ. des HAUTES-ALPES.

GAP, chef-lieu. (8000 hab.)

On remarque dans la vallée de la Durance deux célèbres
places fortes : *Briançon* et *Embrun*.

Départ. des **BASSES-ALPES**.

DIGNE, chef-lieu. (7000 hab.)

La plus importante ville ensuite est *Manosque*, commerçante en fruits et en soie.

BASSINS DE L'ARGENS ET DU VAR, ET VERSANT S. O.
DES ALPES.

Départ. du **VAR** (qui n'est plus arrosé par la rivière à laquelle
il doit son nom).

DRAGUIGNAN, chef-lieu, à peu de distance de l'Argens.
(10 000 hab.)

La plus grande ville est *Toulon*, place forte et beau port militaire, sur la Méditerranée. (77 000 hab.)

On remarque aussi *Hyères*, près de la Méditerranée, intéressante par son climat très-doux. (11 000 hab.)

Départ. des **ALPES-MARITIMES**.

NICE, chef-lieu, sur la Méditerranée. Climat très-doux, délicieuse situation. (52 000 hab.)

Nice.

La plus grande ville ensuite est *Grasse*, renommée par ses parfums, ses fruits et ses huiles. (12 000 hab.)

Plusieurs autres lieux remarquables par la douceur du climat : *Cannes*, *Menton*, etc.

La principauté de *Monaco* est enclavée dans ce département.

***

ÎLE DE CORSE.

Départ. de la CORSE.

Cette île est plus voisine de l'Italie que de la France, et se trouve très-près au N. de l'île de Sardaigne, dont les Bouches de Bonifacio la séparent.

AJACCIO, chef-lieu, sur la côte occidentale, a un beau port. C'est le lieu de naissance de Napoléon Ier. (15 000 hab.)

La plus grande ville du département est *Bastia*, place forte et port, sur la côte orientale. (18 000 hab.)

***

XXIII

GOUVERNEMENT GÉNÉRAL DE L'ALGÉRIE

Sur la côte nord de l'Afrique, avec une population de 3 000 000 d'habitants.

Départ. d'ALGER.

ALGER, chef-lieu du département, et capitale de l'Algérie. Port célèbre. (65 000 hab.)

La plus grande ville ensuite est *Blidah*, à côté de bois d'orangers et de citronniers. (12 000 hab.)

Départ. de CONSTANTINE.

CONSTANTINE, chef-lieu, sur le Rummel. (40 000 hab.)

Autres villes importantes : *Bône* (anciennement Hippone), port de mer. (12 000 hab.)

Philippeville, autre port, sur le golfe de Stora. (14 000 habitants.)

ORAN, chef-lieu, sur la Méditerranée. (47 000 hab.)

La seconde ville est *Tlemcen* (20 000 hab.), et la troisième, *Mostaganem*, port de mer (10 000 hab.)

XXIV

COLONIES

I. — EN AFRIQUE

Gouvernement du Sénégal et **Établissements de la côte de Guinée.** (200 000 hab.).

Saint-Louis, chef-lieu du gouvernement, port et place forte, à l'embouchure du Sénégal. (15 000 hab.)

Ile de Gorée, près du cap Vert.

L'établissement du *Gabon* est le seul que la France ait conservé dans la Guinée. Elle a abandonné momentanément ses établissements de la *côte d'Ivoire*, aussi en Guinée.

Mayotte et dépendances, et Sainte-Marie (45 000 hab.)

Ile de Mayotte, une des Comores.

Nossi-Bé, sur la côte N. O. de Madagascar.

Ile de Sainte-Marie, près de la côte orientale de Madagascar.

Ile de la Réunion (autrefois Bourbon) (180 000 hab.).

Saint-Denis, chef-lieu, sur la côte nord de l'île. (36 000 habitants.)

II. — EN ASIE.

Dans l'HINDOUSTAN (260 000 hab.).

Pondichéry, grande et belle ville, chef-lieu des établissements français de l'Hindoustan sur la côte de Coromandel (partie de la côte orientale de l'Hindoustan). (50 000 habitants.)

Karikal, sur la même côte (10 000 hab.).

Mahé, sur la côte de Malabar (partie de la côte occidentale de l'Hindoustan). (5000 hab.).

Yanaon, sur la côte d'Oriça (partie de la côte orientale), près de l'embouchure de Godavéry (5000 hab.).

Chandernagor, dans le Bengale (province du N. E. de l'Hindoustan), sur un bras du Gange. (30 000 hab.).

Dans l'INDO-CHINE (environ 1 400 000 hab.) :

La *Basse-Cochinchine,* sur la côte S. E. de l'Indo-Chine, dans les bassins du Don-naï et du Mê-kong. Capitale, *Saï-gon,* avec un bon port, sur la rivière de même nom, affluent du Don-naï. (80 000 hab., en y comprenant la *Ville chinoise.*)

III. — EN AMÉRIQUE.

Gouvernement de la Guadeloupe (130 000 hab.).

Les deux *îles de la Guadeloupe* (la *Grande-Terre* et la *Basse-Terre*); chef-lieu, *la Basse-Terre* (10 000 hab.); autre ville *la Pointe-à-Pitre,* peuplée de 15 000 hab.
Ile de Marie-Galante.
Ile de la Désirade.
Iles des Saintes.
La moitié de l'*île Saint-Martin.*

Gouvernement de la Martinique (150 000 hab.)

Ile de la Martinique. Chef-lieu, *le Fort de France,* port de la côte occidentale. (14 000 hab.)
Saint-Pierre, port de la même côte (23 000 hab.)
Guyane française (18 000 hab., sans les indigènes).
Cayenne, chef-lieu, sur une île de même nom.

Iles Saint-Pierre et Miquelon (près et au sud de Terre-Neuve). (5000) hab.).

Chef-lieu : *Saint-Pierre.*

Saint-Pierre à la Martinique.

IV. — DANS L'OCÉANIE.

Arch. de la Nouv.-Calédonie (60 000 h., dont 15 000 Europ.)

Ile de la Nouvelle-Calédonie proprement dite. — Sur la côte O., est *Nouméa* ou *Port-de-France*, chef-lieu des possessions françaises de l'archipel.

Ile des Pins.

Iles Loyalty (*Ouvéa*, *Lifou et Maré*).

Iles Marquises ou Mendaña (10 000 hab.).

Ile Nouka-Hiva, etc.

Iles Tahiti (sous le protectorat de la France). (14 000 hab.)

Chef-lieu *Papeète*.

Iles Touamotou et Gambier ou Mangaréva (sous le protectorat de la France). (8000 hab.)

GÉOGRAPHIE COMMERCIALE DE LA FRANCE

XXV

INDUSTRIE ET COMMERCE.

CLIMAT, ZONES DE CULTURE VÉGÉTALE, PRODUCTIONS.

Le S. E. de la France est la région la plus chaude; l'E. a des étés plus chauds que l'O., mais aussi des hivers plus froids et plus secs. Ainsi, des points de la Franche-Comté à la même latitude qu'Angers et Nantes ont une température moyenne d'*hiver* de 5° centigrades au-dessous de celle de ces deux villes, mais aussi une température d'*été* supérieure d'un même nombre de degrés.

La température plus égale et plus humide de nos régions du N. O. et de l'O. est surtout l'effet des vents d'O. et de S. O., les plus fréquents de la France et qui viennent de l'océan Atlantique; elle est une conséquence aussi du *courant du Golfe (Gulf-stream)*, qui, sorti du golfe du Mexique et conservant beaucoup de chaleur, se répand sur toutes les côtes occidentales de l'Europe.

La température moyenne de la France, pour les points placés à peu près au niveau de la mer, est de $+$ 12° centigrades (1).

Celle de Paris est de $+$ 10°,80.

Il y a quatre végétaux, la vigne, le maïs, l'olivier et l'oranger, qui sont soumis à des conditions de climat bien tranchées, car leurs fruits cessent de mûrir au delà d'une latitude particulière, et ils ont fait partager la France en cinq zones distinctes.

La *vigne*, celle de ces quatre plantes qui s'avance le plus au nord, ne réussit cependant pas dans toute une *première zone* baignée par la Manche, le Pas de Calais et la mer du Nord ; la ligne qui limite au sud les pays privés de vin s'étend à peu près depuis l'endroit où la Meuse quitte la France jusqu'au golfe du Morbihan. — La *seconde zone* produit du *vin*, mais n'a pas encore de maïs cultivé en grand ; elle a pour limite méridionale une ligne assez irrégulière tirée depuis les Vosges jusqu'à l'embouchure de la Charente. La *troisième zone*, où le *maïs croît en même temps que la vigne*, mais où l'olivier ne se montre pas encore, est bornée au sud par une ligne qui va du cours moyen du Var au cours inférieur de l'Isère et de là au cours supérieur de l'Aude. — La *quatrième zone*, propre à la fois à *l'olivier, au maïs et à la vigne*, mais où l'on ne trouve pas encore d'orangers, est limitée au sud par le golfe du Lion et par une ligne tirée de la partie orientale de ce golfe au cours inférieur du Var. — La *cinquième zone*, enfin, où mûrissent, tout ensemble, le *raisin*, le *maïs*, les *olives* et les *oranges*, comprend la région qui borde la Méditerranée à l'est du golfe du Lion.

Plantes alimentaires. — Les principales céréales de la France sont le blé ou froment, le seigle, l'avoine, l'orge, le maïs, le sarrasin ou blé noir.

La plus précieuse de toutes ces plantes est le blé. Parmi les régions qui en produisent le plus, on peut citer la Brie et

---

1. Ce signe $+$ signifie au-dessus de zéro. Pour indiquer une température au-dessous de zéro, on se sert de celui-ci : —

la Beauce, deux pays de plaines situés à peu de distance de Paris, et qui fournissent à cette ville une immense quantité de grain.

Le seigle est la céréale des pays pauvres, parce qu'il vient très-bien dans les lieux où le froment ne peut réussir. Il en est de même du sarrasin (blé noir).

La culture du maïs a lieu particulièrement au midi et à l'est.

La betterave à sucre est surtout cultivée dans les départements du Nord et du Pas-de-Calais.

La culture de la pomme de terre est fort répandue dans toute la France.

Les pommiers et les poiriers abondent particulièrement dans les départements formés de la Normandie, de la Picardie et de la Bretagne; les pruniers, dans les département d'Indre-et-Loire, du Var et de Lot-et-Garonne; les châtaigniers, dans la Marche, le Limousin, l'Auvergne et les Cévennes; les cerisiers, partout; les orangers, dans la Provence et le Comté de Nice.

Plantes textiles. — Le lin le plus estimé est celui des départements du nord. Cette plante réussit aussi dans la Picardie, la Normandie, la Lorraine, l'Anjou, le Maine, la Bretagne, le Languedoc et la Guienne.

Le chanvre est cultivé dans beaucoup de départements.

Les mûriers, qui sont particulièrement utiles pour la nourriture des vers à soie, se trouvent dans le bassin de la Méditerranée.

Bois de construction et de chauffage. — Les parties les plus riches en bois sont les Ardennes, les Vosges, le Jura, la Côte d'Or, les Cévennes, le Nivernais, l'Orléanais, le Berri, les Landes, les Pyrénées, les Alpes, le Var.

Le chêne, le hêtre, le charme, le frêne, le bouleau, le tremble, l'aune, l'orme, l'érable, le peuplier, le châtaignier, sont les arbres les plus communs des forêts de la France.

Les sapins forment de belles forêts sur le Jura, les Vosges, les Cévennes, les Alpes.

Les pins abondent dans les Pyrénées, les Landes, les Cévennes, etc.

Les mélèzes sont communs dans les Alpes, et les merisiers dans les forêts des Vosges.

Le chêne-liége, dont l'écorce est le liége, se rencontre dans la Gascogne et la Provence.

Les *plantes tinctoriales* les plus intéressantes sont : la garance, cultivée particulièrement dans le département de Vaucluse ; — le safran, dans les départements du Loiret et de Vaucluse ; et vers la Charente ; — le pastel ou guède, dans le Tarn et le Calvados ; le tournesol des teinturiers, dans le département du Gard.

Plantes oléagineuses. — L'olivier donne sa meilleure huile dans les départements des Bouches-du-Rhône, du Var, des Alpes-Maritimes ; on en trouve aussi dans ceux de Vaucluse, de la Drôme, du Gard et de l'Hérault. — Le colza et la navette abondent surtout dans la région du nord. — Le noyer, assez commun dans toute la France, mais surtout dans la région du centre, n'est pas précieux seulement par son fruit, il l'est aussi par son bois, très-recherché dans la menuiserie. — Le hêtre fournit l'huile de faîne. — Le pavot donne l'huile d'œillette, et on le cultive en grand dans les départements du Nord, du Pas-de-Calais, de la Somme.

Tabac. — La culture du *tabac* n'est permise que dans un certain nombre de départements : le Nord, le Pas-de-Calais, Ille-et-Vilaine, etc.

Vin, bière, cidre. — La vigne, une des grandes richesses de la France, est cultivée surtout à l'E. et au S. — Les meilleurs vins sont :

1° A l'E. : ceux de Champagne (département de la Marne) ; — de Bourgogne (départements de la Côte-d'Or, de l'Yonne et de Saône-et-Loire : vins des territoires de Beaune, de Mâcon, etc.) ; — de Franche-Comté (département du Jura) ; — du Beaujolais et du Lyonnais (départements du Rhône et de la Loire) ;

2° Dans le midi : les vins du Dauphiné (départements de l'Isère et de la Drôme) ; — ceux de Vaucluse ; — ceux du Languedoc et du Roussillon (départements du Gard, de l'Hérault, de l'Aude, des Pyrénées-Orientales); — les vins du Bordelais, du Périgord et du Quercy (départements de la Gironde, de la Dordogne et du Lot);

3° Au centre : les vins de l'Anjou, de la Touraine, de l'Orléanais et du Nivernais (départements de Maine-et-Loire, d'Indre-et-Loire, du Loiret et de la Nièvre).

Les vins de la Charente, de la Charente-Inférieure, de la Vienne, du Gers, des Basses-Pyrénées, de l'Hérault, servent à faire les meilleures eaux-de-vie.

Le houblon, qui entre, avec l'orge, dans la composition de la bière, est particulièrement cultivé vers la Somme, l'Escaut et la Moselle.

Les pommes de la Normandie, de la Bretagne et de la Picardie donnent le cidre le plus renommé.

PRODUCTIONS ANIMALES

La région des abondants herbages, propres à nourrir les plus précieux animaux domestiques, domine surtout dans le N. O. de la France, c'est-à-dire, dans cette partie du pays qui reçoit la température humide, mais assez douce, de l'Océan.

Les chevaux les plus estimés sont ceux des départements formés de la Normandie, de la Picardie, de la Flandre, du Perche, du Limousin, de la Bretagne, et ceux des Pyrénées, des Ardennes.

Les meilleurs bœufs sont élevés dans les départements du Calvados et de la Manche, les montagnes des Vosges et du Jura, les départements de Saône-et-Loire, de la Nièvre, de la Creuse; les montagnes de l'Auvergne, de la Guienne, du Languedoc et du Limousin; les départements de Maine-et-Loire, de la Loire-Inférieure, de la Mayenne, de la Sarthe, de la Vienne; les pays arrosés par la Garonne; la Camargue.

Dans la moitié méridionale de la France, on se sert généralement des bœufs pour labourer le sol; — dans le nord, on emploie les chevaux.

On élève des mulets et des ânes estimés dans les départements des Deux-Sèvres, de la Vienne et de l'Aveyron.

Les porcs sont élevés en grand nombre dans la Champagne, la Lorraine, la Bourgogne, le Lyonnais et les Basses-Pyrénées.

Les plus beaux moutons se trouvent dans les départements du Nord, de la Somme, des Ardennes, du Jura, de l'Ain, du Cher, de l'Indre, dans les montagnes d'Auvergne, dans les Pyrénées, dans les Alpes, dans l'Aveyron, dans le Languedoc, la Provence, la Normandie, l'Ile-de-France et la Bourgogne. Les chèvres sont communes dans les Alpes et la Corse.

Les oiseaux domestiques les plus utiles sont le coq et la poule, qui donnent lieu à un grand commerce dans les départements formés de la Normandie et du Maine, et dans ceux de la Charente et de l'Ain. — Viennent ensuite les oies, les canards et les dindons.

Les abeilles donnent un miel renommé dans les départements de l'Aude et du Loiret.

Le ver à soie prospère surtout dans le S. E.

PRODUCTIONS MINÉRALES

Le granit abonde dans les principales chaînes de montagnes, surtout dans les Alpes, les Pyrénées, les Vosges, les Ardennes, les Cévennes et les montagnes de la Bretagne.

Les plus beaux marbres sont ceux des Pyrénées et des Alpes.

Les ardoises sont exploitées principalement dans les Ardennes et dans le département de Maine-et-Loire.

Le kaolin ou la terre à porcelaine se trouve particulièrement dans les montagnes du Limousin.

Il y a de riches salines dans l'E. de la France, et l'on tire aussi une grande quantité de sel des marais salants des côtes de l'Ouest et du Midi.

Il y a dans les montagnes d'Auvergne beaucoup de masses de basalte qui ont été produites par d'anciens volcans, et qui sont employées pour les constructions.

On n'exploite plus de mines d'or en France; mais plusieurs rivières qui descendent des Alpes, des Cévennes et des Pyrénées roulent des paillettes de ce métal.

L'argent et le plomb se trouvent ensemble dans le Finistère, le Puy-de-Dôme, la Lozère, l'Isère, la Savoie et l'Ariége.

Les principales mines de cuivre sont dans le département du Rhône.

Le fer est abondant, surtout dans les Ardennes, les Vosges, la Côte-d'Or, le Jura, le département de la Nièvre, le département du Cher, les montagnes du Limousin, les Cévennes, les Alpes et les Pyrénées.

Il y a de grands bancs de charbon de terre dans plusieurs régions de la France; les principaux bassins houillers sont : 1° vers l'Escaut; 2° entre la Loire et la Saône, vers le canal du Centre; 3° entre la Loire et le Rhône; 4° vers le Cher; 5° dans les montagnes de l'Auvergne; 6° vers le Gard; 7° entre le Lot et l'Aveyron; 8° dans l'Anjou et le Maine.

On trouve d'importantes mines d'asphalte près de l'extrémité méridionale du mont Jura.

La tourbe abonde vers la Somme et l'Escaut.

GRANDS CENTRES D'INDUSTRIE ET DE COMMERCE

Versant de la mer du Nord. — BASSIN DU RHIN. — Nous avons perdu les grandes villes industrielles et commerçantes de *Mulhouse* (industrie du coton), de *Strasbourg* et de *Metz*.

Nous avons, dans le bassin particulier de la Moselle, *Nancy* (broderies, tapisseries, etc.), et *Lunéville* (faïences).

BASSIN DE LA MEUSE. — *Sedan* (draps); — *Charleville*, attenante à Mézières et intéressante par sa clouterie.

BASSIN DE L'ESCAUT. — Grande industrie des tissus de lin, surtout à *Lille, Roubaix, Tourcoing, Armentières, Cambrai, Valenciennes, Douai, Arras.* — Armements pour la pêche et construction de navires, à *Dunkerque*.

Versant de la Manche. — BASSIN DE LA SOMME ET VOISINAGE. — *Saint-Quentin, Amiens* et *Abbeville* (tissus de fil et de coton, tapis, moquettes). — *Boulogne* et *Calais* (plumes métalliques, tulles, armements pour la pêche, construction de navires). — *Saint-Gobain* (glaces).

BASSIN DE LA SEINE. — *Paris*, foyer d'une industrie immense et très-variée (les *articles de Paris* sont principalement la mercerie, la lingerie, la passementerie, les modes, les bronzes, les plaqués, la bijouterie, l'orfévrerie, l'horlogerie, l'ébénisterie, la tabletterie, la librairie, les instruments de musique, de chirurgie, de physique, de mathématiques, d'optique, la quincaillerie, la carrosserie, la céramique).

Troyes (toiles) ; — *Rouen* (industrie cotonnière) ; — *le Havre* (construction et armements de navires) ; — *Dieppe* (armements pour la pêche; ivoirerie) ; — *Elbeuf, Louviers* et *Reims* (draps) ; — *Langres* et plusieurs autres lieux de la Haute-Marne (fers) ; — *Épernay, Reims* et autres lieux du département de la Marne (vins) ; — *Chartres* (blés de la Beauce, chevaux du Perche) ; *Clamecy* (bois).

BASSIN DE L'ORNE, DE LA VIRE ET DE LA RANCE. — *Lisieux, Caen, Bayeux, Laigle, Flers* et autres villes des départements du Calvados et de l'Orne (toiles, dentelles, articles de mercerie) ; — *Cherbourg* (construction de navires et armements) ; — *Saint-Malo* (armements pour la pêche et construction de navires).

Versant de l'Atlantique proprement dit et de la mer de France. — BASSINS DE L'AULNE, DU BLAVET ET DE LA VILAINE. — *Brest* et *Lorient* (armements, construction de navires) ; — *Rennes* (toiles, bestiaux, beurres).

BASSIN DE LA LOIRE. — *Saint-Étienne* (houille, fers, soieries) ; — *Nevers, Bourges* et *Vierzon* (fers) ; — *le Creusot* (fonderies, fabriques de machines, houille) ; — *Orléans* (tissus de laine et de coton, fruits, vins, vinaigres) ; — *Tours* et *Angers* (blés, vins, fruits, ardoises) ; — *Limoges* (lainages, porcelaine), — *Thiers* et *Châtellerault* (coutellerie) ; — *Laval, le Mans* et *Moyenne* (toiles) ; — *Alençon* et *le Puy* (dentelles) ; — *Nantes* et *Saint-Nazaire* (construction de navires et armements).

BASSIN DE LA CHARENTE. — *Angoulème* (papiers et lainages) ; — *Cognac* et *Saintes* (eaux-de-vie) ; — *Rochefort* et *la Rochelle* (construction de navires et armements; eaux-de-vie).

BASSIN DE LA GARONNE. — *Toulouse* (articles en métaux : limes, faux, instruments aratoires, etc.) ; — *Montauban* (coton et soie); — *Agen* (minoterie); — *Bordeaux* (vins, construction de navires, armements); — *Castres* et *Mazamet* (draps); — *Villefranche d'Aveyron* et plusieurs lieux voisins (houille et forges).

BASSIN DE L'ADOUR. — Principaux objets du commerce et de l'industrie : marbres et autres minéraux des Pyrénées, bois et résines des pins des Landes, liége; mais pas de grandes villes industrielles. ⇒ *Bayonne* a des chantiers de construction et des armements.

Versant de la Méditerranée. — BASSINS DE LA TET, DE L'AUDE ET DE L'HÉRAULT. — *Perpignan* (vins); — *Narbonne* (miel); — *Carcassonne, Lodève* et beaucoup d'autres villes voisines, intéressantes par l'industrie des draps; — *Béziers, Montpellier, Cette* et autres villes de l'Hérault, remarquables par le commerce des vins, eaux-de-vie et liqueurs.

BASSIN DU RHÔNE. — *Lyon*, siége d'une très-importante industrie et d'un vaste commerce (surtout soieries); — *Marseille* (huiles, savons, etc.); — *Valence, Avignon* et *Nîmes* (soie); — *Alais* et *Rive-de-Gier* (soie et houille); — *Grenoble* (ganterie); — *Annonay* (mégisserie, soie, papier); — *Tarare* (mousselines); — *Besançon* et plusieurs autres villes de la Franche-Comté, enrichies par l'industrie de l'horlogerie; — *Mâcon, Chalon-sur-Saône, Beaune* et *Dijon* (vins); — *Aix* (huiles).

BASSINS DE L'ARGENS ET DU VAR. — *Toulon, Grasse, Nice* (huiles, savons, parfums).

VOIES DE COMMERCE ENTRE LA FRANCE ET LES CINQ PARTIES DU MONDE

Avec les pays qu'elle touche par terre (la Belgique, l'Allemagne, la Suisse, l'Italie et l'Espagne), la France communique par les chemins de fer qui ont été décrits page 97 : c'est-à-dire les chemins du Nord (vers Lille, Valenciennes, etc.), de l'Est (vers Nancy, Belfort, etc.), de Paris à Lyon et à la Méditerranée (avec les rameaux qui s'en séparent dans les directions de Besançon, de Genève, de Chambéry, de Nice), et le réseau du Midi (vers Perpignan et Bayonne).

Par la navigation de l'Escaut, de la Meuse, de la Moselle, et par les canaux de la Marne au Rhin et du Rhône au Rhin, elle communique encore avec la Belgique et l'Allemagne.

Elle commerce avec l'Angleterre, avec les Pays-Bas, les côtes nord de l'Allemagne, le Danemark, la Scandinavie et le nord de la Russie, par la navigation de la mer du Nord, du Pas de Calais et de la Manche, c'est-à-dire par les ports de *Dunkerque*, de *Calais*, de *Boulogne*, de *Dieppe*, du *Havre*, de *Caen*, de *Cherbourg*, de *Granville*, de *Saint-Malo*.

Elle a des relations avec l'Amérique, l'O. de l'Espagne, le Portugal, les côtes occidentales et orientales de l'Afrique, l'Asie méridionale et orientale et l'Océanie, par *le Havre* et par les ports de l'Atlantique proprement dit et de la mer de France: *Brest*, *Lorient*, *Nantes*, *Saint-Nazaire*, *la Rochelle*, *Rochefort*, *Bordeaux*, *Libourne*, *Bayonne*.

Les ports de la Méditerranée, *Marseille*, *Cette*, *Toulon*, *Nice*, *Bastia*, *Ajaccio*, ont surtout des relations avec les pays du midi de l'Europe (l'Espagne, l'Italie, les côtes de l'Adriatique, la Grèce, la Turquie), les côtes de la mer Noire, les côtes nord de l'Afrique, toutes les côtes qui entourent les parties les plus orientales de la Méditerranée et qu'on appelle les *pays du Levant*. Par le canal de Suez, ils communiquent aussi avec l'Asie méridionale et orientale, l'Afrique orientale et l'Océanie.

TABLEAUX DIVERS.

TABLEAU DES NEUF MINISTÈRES

chargés de l'administration générale du pays, sous la direction de l'Assemblée nationale et du Président de la République.

Ministère de la justice.
Ministère des affaires étrangères.
Ministère des finances.
Ministère de l'intérieur.
Ministère de la guerre.
Ministère de la marine et des colonies.
Ministère de l'instruction publique, des cultes et des beaux-arts.
Ministère de l'agriculture et du commerce.
Ministère des travaux publics.

TABLEAU DES 18 RÉGIONS DE CORPS D'ARMÉE.

RÉGIONS DE CORPS D'ARMÉE.	DÉPARTEMENTS COMPRIS DANS LES RÉGIONS.
1re ch.-l. LILLE	Nord. — Pas-de-Calais.
2e — AMIENS	Aisne. — Oise. — Somme. — Seine-et-Oise (arrond. de Pontoise). — Seine (cantons de Saint-Denis et de Pantin, 10e, 19e et 20e arrond. de Paris).
3e — ROUEN	Calvados. — Eure. — Seine-Inférieure. — Seine-et-Oise (arrond. de Mantes et de Versailles) — Seine (cantons de Courbevoie et de Neuilly, 1er, 7e, 8e, 9e, 15e, 16e, 17e et 18e arrond. de Paris).
4e — LE MANS . . .	Eure-et-Loir. — Mayenne. — Orne. — Sarthe. — Seine-et-Oise (arrond. de Rambouillet). — Seine (cantons de Villejuif et de Sceaux, 4e, 5e, 6e, 13e et 14e arrond de Paris).
5e — ORLÉANS . . .	Loiret. — Loir-et-Cher. — Seine-et-Marne. — Yonne. — Seine-et-Oise (arrond. d'Étampes et de Corbeil). — Seine (cantons de Charenton et de Vincennes, 2e, 3e, 11e et 12e arrond. de Paris).
6e — CHALONS-S-MARNE	Ardennes. — Aube. — Marne. — Meurthe-et-Moselle. Meuse. — Vosges.
7e — BESANÇON	Ain. — Doubs. — Jura. — Haute-Marne. — Haut-Rhin. — Haute-Saône. — Rhône (canton de Neuville, 4e et 5e arrond. de Lyon).
8e — BOURGES	Cher. — Côte-d'Or. — Nièvre. — Saône-et-Loire. — Rhône (arrond. de Villefranche).
9e — TOURS	Maine-et-Loire. — Indre-et-Loire. — Indre. — Deux-Sèvres. — Vienne.
10e — RENNES . . .	Côtes-du-Nord. — Manche. — Ille-et-Vilaine.
11e — NANTES	Finisterre. — Loire-Inférieure. — Morbihan. — Vendée.
12e — LIMOGES . . .	Charente. — Corrèze. — Creuse. — Dordogne. — Haute-Vienne.
13e — CLERMONT - FER-RAND	Allier. — Loire. — Puy-de-Dôme. — Haute-Loire — Cantal. — Rhône (cantons de l'Arbresle, Condrieu, Limonest, Mornant, Saint-Symphorien, Saint-Laurent et Vaugneray).
14e — GRENOBLE . .	Hautes-Alpes. — Drôme. — Isère. — Savoie. — Haute-Savoie. — Rhône (cantons de Givors, Saint-Genis-Laval, Villeurbanne, 1er, 2e, 3e et 6e arrond. de Lyon).
15e — MARSEILLE . .	Basses-Alpes. — Alpes-Maritimes. — Ardèche. — Bouches-du-Rhône. — Corse. — Gard. — Var. — Vaucluse.
16e — MONTPELLIER .	Aude. — Aveyron. — Hérault. — Lozère. — Tarn. — Pyrénées-Orientales.
17e — TOULOUSE . . .	Ariège — Haute-Garonne. — Gers. — Lot. — Lot-et-Garonne. — Tarn-et-Garonne.
18e — BORDEAUX . .	Charente-Inférieure. — Gironde. — Landes. — Basses-Pyrénées. — Hautes-Pyrénées.

TABLEAU DES 26 COURS D'APPEL

ET DE LEURS RESSORTS.

COURS D'APPEL.	DEPARTEMENTS DU RESSORT.	COURS D'APPEL.	DEPARTEMENTS DU RESSORT.
Agen. . . .	Gers. Lot. Lot-et-Garonne.	Nancy. . . .	Ardennes. Meurthe-et-Moselle. Meuse. Vosges.
Aix. . . .	Alpes (Basses-). Alpes-Maritimes. Bouches-du-Rhône. Var.	Nîmes. . . .	Ardèche. Gard. Lozère. Vaucluse.
Amiens. . .	Aisne. Oise. Somme.	Orléans. . .	Indre-et-Loire. Loiret. Loir-et-Cher.
Angers. . .	Maine-et-Loire. Mayenne. Sarthe.		Aube. Eure-et-Loir. Marne.
Bastia. . . .	Corse.	Paris. . . .	Seine. Seine-et-Marne.
Besançon. .	Doubs. Jura. Haute-Saône.		Seine-et-Oise. Yonne.
Bordeaux. .	Charente. Dordogne. Gironde.	Pau.	Landes. Basses-Pyrénées. Hautes-Pyrénées.
Bourges. . .	Cher. Indre. Nièvre.	Poitiers. . .	Charente-Inférieure. Deux-Sèvres. Vendée. Vienne.
Caen.	Calvados. Manche. Orne.		Côtes-du-Nord. Finistère.
Chambéry. .	Savoie. Haute-Savoie.	Rennes . . .	Ille-et-Vilaine. Loire-Inférieure. Morbihan.
Dijon. . . .	Côte-d'Or. Haute-Marne. Saône-et-Loire.	Riom.	Allier. Cantal. Haute-Loire. Puy-de-Dôme.
Douai. . . .	Nord. Pas-de-Calais.	Rouen. . . .	Eure. Seine-Inférieure.
Grenoble.. .	Hautes-Alpes. Drôme. Isère.		Ariège. Haute-Garonne.
Limoges. . .	Corrèze. Creuse. Haute-Vienne.	Toulouse. . .	Tarn. Tarn-et-Garonne.
Lyon	Ain. Loire. Rhône.		
Montpellier.	Aude. Aveyron. Hérault. Pyrénées-Orientales.		

Il y a, en outre, une cour d'appel à Alger, pour les trois départements de l'Algérie, — et d'autres au Fort-de-France (Martinique); — à la Basse-Terre (Guadeloupe); — à Saint-Louis (Sénégal), — à Saint-Denis (île de la Réunion); — à Pondichéry et à Saïgon, pour nos établissem. de l'Asie.

TABLEAU DES 17 ARCHEVÊCHÉS ET DES 67 ÉVÊCHÉS

ARCHEVÊCHÉS.	ÉVÊCHÉS SUFFRAGANTS.
Aix.	Gap, Digne, Marseille, Fréjus, Ajaccio.
Albi.	Mende, Rodez, Cahors, Perpignan.
Auch.	Tarbes, Aire, Perpignan.
Avignon.	Valence, Viviers, Nîmes, Montpellier.
Besançon.	Verdun, Nancy, Saint-Dié, Belley.
Bordeaux	Luçon, Poitiers, la Rochelle, Angoulême, Périgueux, Agen.
Bourges.	Limoges, Clermont-Ferrand, Tulle, Saint-Flour, le Puy
Cambrai.	Arras.
Chambéry	Annecy, Moutiers de Tarantaise, Saint-Jean de Maurienne.
Lyon.	Langres, Dijon, Autun, Saint-Claude, Grenoble.
Paris.	Meaux, Versailles, Chartres, Orléans, Blois.
Reims.	Amiens, Beauvais, Soissons, Châlons-sur-Marne.
Rennes	Vannes, Saint-Brieuc, Quimper.
Rouen.	Évreux, Bayeux, Coutances, Sées.
Sens.	Troyes, Nevers, Moulins.
Toulouse. . . .	Montauban, Carcassonne, Pamiers
Tours.	Le Mans, Laval, Nantes, Angers.
	Nice est un évêché suffragant de Gênes.
Alger	Constantine, Oran.

TABLEAU DES 16 ACADÉMIES UNIVERSITAIRES.

SIÉGES DES ACADÉMIES.	DÉPARTEMENTS COMPRIS DANS LES ACADÉMIES.
Aix.	Basses-Alpes, Alpes-Maritimes, Bouches-du-Rhône, Corse, Var, Vaucluse.
Besançon.	Doubs, Jura, Haute-Saône.
Bordeaux.	Dordogne, Gironde, Landes, Lot-et-Garonne, Basses-Pyrénées.
Caen.	Calvados, Eure, Manche, Orne, Sarthe, Seine-Inférieure.
Chambéry. . . .	Savoie, Haute-Savoie.
Clermont.	Allier, Cantal, Corrèze, Creuse, Haute-Loire, Puy-de-Dôme.
Dijon.	Aube, Côte-d'Or, Haute-Marne, Nièvre, Yonne.
Douai. . . .	Aisne, Ardennes, Nord, Pas-de-Calais, Somme.
Grenoble.	Hautes-Alpes, Ardèche, Drôme, Isère.
Lyon.	Ain, Loire, Rhône, Saône-et-Loire.
Montpellier . .	Aude, Gard, Hérault, Lozère, Pyrénées-Orientales.
Nancy.	Meurthe-et-Moselle, Meuse, Vosges.
Paris.	Cher, Eure-et-Loir, Loir-et-Cher, Loiret, Marne, Oise, Seine, Seine-et-Marne, Seine-et-Oise.
Poitiers.	Charente, Charente-Inférieure, Indre, Indre-et-Loire, Deux-Sèvres, Vendée, Vienne, Haute-Vienne.
Rennes.	Côtes-du-Nord, Finistère, Ille-et-Vilaine, Loire-Inférieure, Maine-et-Loire, Mayenne, Morbihan.
Toulouse.	Ariége, Aveyron, Haute-Garonne, Gers, Lot, Hautes-Pyrénées, Tarn, Tarn-et-Garonne.
	Alger est le siége d'une académie qui embrasse l'Algérie.

TABLEAU DES 89 DÉPARTEMENTS

ET DES 374 ARRONDISSEMENTS

(y compris l'Algérie).

(Les chefs-lieux de département sont en italique.)

DÉPARTEMENTS.	ARRONDISSEMENTS.
AIN..........	*Bourg*, Belley, Gex, Nantua, Trévoux.
AISNE........	*Laon*, Château Thierry, Saint-Quentin, Soissons, Vervins.
ALLIER.......	*Moulins*, Gannat, la Palisse, Montluçon.
ALPES (BASSES-)...	*Digne*, Barcelonnette, Castellane, Forcalquier, Sisteron.
ALPES (HAUTES-).	*Gap*, Briançon, Embrun
ALPES-MARITIMES.	*Nice*, Grasse, Puget-Théniers.
ARDECHE.......	*Privas*, Largentière, Tournon.
ARDENNES.....	*Mézières*, Rethel, Rocroi, Sedan, Vouziers.
ARIEGE.......	*Foix*, Pamiers, Saint-Girons.
AUBE........	*Troyes*, Arcis-sur-Aube, Bar-sur-Aube, Bar-sur-Seine, Nogent-sur-Seine.
AUDE........	*Carcassonne*, Castelnaudary, Limoux, Narbonne.
AVEYRON......	*Rodez*, Espalion, Milhau, Saint-Affrique, Villefranche.
BOUCHES-DU-RHÔNE.	*Marseille*, Aix, Arles.
CALVADOS.....	*Caen*, Bayeux, Falaise, Lisieux, Pont-l'Évêque, Vire.
CANTAL.......	*Aurillac*, Mauriac, Murat, Saint-Flour.
CHARENTE.....	*Angoulême*, Barbezieux, Cognac, Confolens, Ruffec.
CHARENTE-INFER...	*La Rochelle*, Jonzac, Marennes, Rochefort, Saintes, Saint-Jean d'Angely.
CHER........	*Bourges*, Saint-Amand, Sancerre.
CORREZE......	*Tulle*, Brive, Ussel.
CORSE.......	*Ajaccio*, Bastia, Calvi, Corté, Sartène.
CÔTE-D'OR.....	*Dijon*, Beaune, Châtillon-sur-Seine, Semur.
CÔTES DU-NORD...	*Saint-Brieuc*, Dinan, Guingamp, Lannion, Loudeac.
CREUSE.......	*Gueret*, Aubusson, Bourganeuf, Boussac.
DORDOGNE.....	*Périgueux*, Bergerac, Nontron, Ribérac, Sarlat.
DOUBS.......	*Besançon*, Baume-les-Dames, Montbeliard, Pontarlier.
DRÔME.......	*Valence*, Die, Montelimar, Nyons.
EURE........	*Évreux*, les Andelys, Bernay, Louviers, Pont-Audemer.
EURE-ET-LOIR....	*Chartres*, Châteaudun, Dreux, Nogent-le-Rotrou.
FINISTERRE.....	*Quimper*, Brest, Châteaulin, Morlaix, Quimperle.
GARD........	*Nîmes*, Alais, Uzès, le Vigan.
GARONNE (HAUTE-)	*Toulouse*, Muret, Saint-Gaudens, Villefranche.
GERS........	*Auch*, Condom, Lectoure, Lombez, Mirande.
GIRONDE......	*Bordeaux*, Bazas, Blaye, la Reole, Lesparre, Libourne.
HERAULT.....	*Montpellier*, Beziers, Lodève, Saint-Pons.
ILLE-ET-VILAINE	*Rennes*, Fougeres, Montfort, Redou, Saint-Malo, Vitré.
INDRE.......	*Châteauroux*, le Blanc, la Châtre, Issoudun.
INDRE-ET-LOIRE...	*Tours*, Chinon, Loches.
ISERE.......	*Grenoble*, la Tour-du-Pin, Saint-Marcellin, Vienne.
JURA........	*Lons-le-Saunier*, Dôle, Poligny, St-Claude.
LANDES......	*Mont-de-Marsan*, Dax, Saint-Sever.
LOIR-ET-CHER....	*Blois*, Romorantin, Vendôme.
LOIRE.......	*Saint-Étienne*, Montbrison, Roanne.
LOIRE (HAUTE-).	*Le Puy*, Brioude, Issingeaux.
LOIRE-INFERIEURE.	*Nantes*, Ancenis, Châteaubriant, Paimbœuf, Saint-Nazaire,
LOIRET.......	*Orleans*, Gien, Montargis, Pithiviers.
LOT........	*Cahors*, Figeac, Gourdon.
LOT-ET-GARONNE.	*Agen*, Marmande, Nerac, Villeneuve-sur-Lot.

DÉPARTEMENTS.	ARRONDISSEMENTS.
LOZERE.	Mende, Florac, Marvéjols.
MAINE-ET-LOIRE...	Angers, Bauge, Cholet, Saumur, Segré.
MANCHE.	Saint-Lô, Avranches, Cherbourg, Coutances, Mortain, Valognes.
MARNE	Châlons, Epernay, Reims, Sainte-Menehould, Vitry-le-François.
MARNE (HAUTE-)..	Chaumont, Langres, Vassy.
MAYENNE.	Laval, Château-Goutier, Mayenne.
MEURTHE - ET - MO- SELLE	Nancy, Lunéville, Toul, Briey.
MEUSE.	Bar-le-Duc, Commercy, Montmédy, Verdun.
MORBIHAN.	Vannes, Lorient, Ploermel, Pontivy.
NIÈVRE	Nevers, Château-Chinon, Clamecy, Cosne.
NORD	Lille, Avesnes, Cambrai, Douai, Dunkerque, Hazebrouck, Valenciennes.
OISE.	Beauvais, Clermont, Compiègne, Senlis.
ORNE.	Alençon, Argentan, Domfront, Mortagne.
PAS-DE-CALAIS.	Arras, Béthune, Boulogne, Montreuil, Saint-Omer, St-Pol.
PUY-DE-DÔME. . .	Clermont-Ferrand, Ambert, Issoire, Riom, Thiers.
PYRÉNEES (BASSES)	Pau, Bayonne, Mauléon, Oloron-Sainte-Marie, Orthez.
PYRÉNÉES (HAUTES-)	Tarbes, Argelès, Bagnères.
PYRÉNÉES-ORIENT".	Perpignan, Ceret, Prades.
RHÔNE.	Lyon, Villefranche.
SAÔNE (HAUTE-) . .	Vesoul, Gray, Lure.
SAÔNE-ET-LOIRE...	Mâcon, Autun, Chalon, Charolles, Louhans.
SARTHE	Le Mans, la Flèche, Mamers, Saint-Calais.
SAVOIE.	Chambéry, Albertville, Moutiers, St-Jean de Maurienne.
SAVOIE (HAUTE-). .	Annecy, Bonneville, Saint-Julien, Thonon.
SEINE.	Paris, Saint-Denis, Sceaux.
SEINE-ET-MARNE. .	Melun, Coulommiers, Fontainebleau, Meaux, Provins.
SEINE-ET-OISE...	Versailles, Corbeil, Etampes, Mantes, Pontoise, Rambouillet.
SEINE-INFÉRIEURE. .	Rouen, Dieppe, le Havre, Neufchâtel, Yvetot.
SÈVRES (DEUX-). . .	Niort, Bressuire, Melle, Parthenay.
SOMME.	Amiens, Abbeville, Doullens, Montdidier, Péronne.
TARN	Albi, Castres, Gaillac, Lavaur.
TARN-ET-GARONNE .	Montauban, Castel-Sarrasin, Moissac.
VAR.	Draguignan, Brignoles, Toulon.
VAUCLUSE.	Avignon, Apt, Carpentras, Orange.
VENDÉE..	La Roche-sur-Yon, Fontenay, les Sables-d'Olonne.
VIENNE.	Poitiers, Châtellerault, Civray, Loudun, Montmorillon.
VIENNE (HAUTE-) .	Limoges, Bellac, Rochechouart, Saint-Yrieix.
VOSGES.	Épinal, Mirecourt, Neufchâteau, Remiremont, Saint-Dié.
YONNE.	Auxerre, Avallon, Joigny, Sens, Tonnerre.

TERRITOIRE ALSACIEN LAISSÉ A LA FRANCE PAR LE TRAITÉ DE FRANCFORT.

| TERRIT. DE BELFORT . | Partie de l'ancien arrond. de Belfort, dép. du Haut-Rhin. |

ALGÉRIE.

ALGER.	Alger, Blidah, Milianah, Dellys
CONSTANTINE	Constantine, Bône, Guelma, Philippeville, Sétif.
ORAN.	Oran, Mascara, Mostaganem, Tlemcen.

ANCIENS DÉPARTEMENTS (avant le traité de 1871).

MEURTHE.	Nancy, Château-Salins, Luneville, Sarrebourg, Toul.
MOSELLE.	Metz, Briey, Sarreguemines, Thionville.
RHIN (BAS-).	Strasbourg, Saverne, Schlestadt, Wissembourg.
RHIN (HAUT-). . . .	Colmar, Belfort, Mulhouse.

PARIS. — IMPRIMERIE DE E. MARTINET, RUE MIGNON, 2.

LIBRAIRIE HACHETTE ET CIE

A Paris, Boulevard Saint-Germain, 79

PUBLICATIONS GÉOGRAPHIQUES

DE

M. E. CORTAMBERT

Président de la Commission centrale de la Société de géographie
Bibliothécaire du cabinet géographique de la Bibliothèque nationale.

I. Enseignement général des deux sexes.

Cours de géographie, comprenant la description physique et politique, et la géographie historique des diverses contrées du globe; 11ᵉ édition, illustrée de nombreuses vignettes. 1 vol. in-12, broché.................................... 3 fr. 75
> Le cartonnage se paye en sus 25 c.
> Autorisé par le Conseil de l'instruction publique.

Petit cours de géographie moderne; 18ᵉ édition, avec de nombreuses gravures. 1 vol. in-12, cartonné.......... 1 fr. 50
> Autorisé par le Conseil de l'instruction publique.

Petit atlas géographique du premier âge, contenant 9 cartes coloriées : 1° Notions cosmographiques et géographiques; 2° Mappemonde; 3° Europe; 4° Asie; 5° Afrique; 6° Amérique; 7° Océanie; 8° France physique; 9° France par départements; et précédé d'un texte explicatif. 1 vol. gr. in-18, cartonné... 80 c.
> Ouvrage dont l'introduction dans les écoles est autorisée par le ministre de l'instruction publique.

Éléments de géographie physique. 1 volume in-12 de texte et 1 atlas de 20 planches coloriées, brochés............... 5 fr.

Leçons de géographie, avec questionnaire détaillé, gr. in-8, br. 6 fr.

Petite géographie illustrée du premier âge à l'usage des écoles et des familles, présentée sous forme d'entretiens, et accompagnée de 88 vignettes ou cartes; 4ᵉ édition. 1 volume in-18, cartonné en percaline gaufrée.................... 80 c.
> Ouvrage couronné par le Congrès géographique d'Anvers et par la Société de l'instruction et de l'éducation populaires.

Petite géographie illustrée de la France à l'usage des écoles primaires; 3ᵉ édition. Ouvrage contenant de nombreuses vignettes dans le texte et une carte. 1 volume in-18, cartonné en percaline gaufrée.................... 80 c.

Physiographie, ou description générale de la nature, pour servir d'introduction aux sciences géographiques. 1 volume in-12, broché.................................... 1 fr.

Le globe illustré, géographie générale à l'usage des écoles et des familles, contenant de nombreuses gravures et 16 cartes tirées en couleurs; 4ᵉ édition. 1 volume in-4, cartonné.......... 4 fr.
Le même ouvrage, relié en percaline, tranches dorées..... 6 fr.

Les trois règnes de la nature, simples lectures sur l'histoire naturelle; nouvelle édition avec 213 vignettes intercalées dans le texte. 1 vol. in-12, cartonné.................... 1 fr. 50

II. Enseignement secondaire classique.

Nouveau cours complet de géographie, rédigé conformément aux programmes de 1874, à l'usage des lycées et des collèges. 12 vol. in-12, cartonné, avec vignettes dans le texte, accompagnés d'atlas correspondant aux matières enseignées dans chaque classe, format grand in-8, cartonné :

Notions élémentaires de géographie générale, et notions sur la géographie physique de la France et de la Terre-Sainte, suivies d'un cadre pour une description de département (classe préparatoire). 1 vol...................................... 80 c.

Atlas correspondant (9 cartes). 1 vol................. 1 fr. 50

Géographie élémentaire des cinq parties du monde (classe de Huitième). 1 vol...................................... 80 c.

Atlas correspondant (10 cartes). 1 vol................. 1 fr. 50

Géographie élémentaire de la France (classe de Septième). 1 fr. 20

Atlas correspondant (15 cartes). 1 vol................. 2 fr. 50

Géographie générale de l'Asie, de l'Afrique, de l'Amérique et de l'Océanie (classe de Sixième). 1 vol............... 1 fr. 50

Atlas correspondant (27 cartes). 1 vol................. 4 fr.

Géographie générale physique et politique de l'Europe (classe de Cinquième). 1 vol................................ 1 fr. 50

Atlas correspondant (20 cartes). 1 vol................. 3 fr.

Géographie de la France (classe de Quatrième). 1 vol. 1 fr. 50
Ouvrage pouvant servir aux aspirantes au certificat d'études.

Atlas correspondant (23 cartes). 1 vol................. 3 fr. 50

Géographie de l'Europe (classe de Troisième). 1 vol...... 2 fr.

Atlas correspondant (20 cartes). 1 vol.................. 3 fr.

Description particulière de l'Asie, de l'Afrique, de l'Amérique et de l'Océanie (classe de Seconde). 1 vol.............. 3 fr.

Atlas correspondant (29 cartes). 1 vol.................. 4 fr.

Géographie de la France et de ses colonies, précédée de notions générales de géographie (classe de Rhétorique). 1 vol..... 3 fr.
Ouvrage pouvant servir, ainsi que la Géographie de la classe de Quatrième, aux aspirantes au certificat d'études.

Atlas correspondant (30 cartes). 1 vol................. 4 fr. 50

Résumé de géographie générale, offrant particulièrement les changements territoriaux survenus depuis 1848 (classe de philosophie). 1 vol...................................... 2 fr.

Éléments de géographie générale (classe de mathématiques préparatoires). 1 vol.................................. 1 fr. 50

Géographie générale (classe de mathématiques élémentaires). 1 vol... 5 fr.

III. Enseignement secondaire spécial.

Cours de géographie, rédigé conformément aux programmes de l'enseignement spécial: 4 vol. in-12, cartonnés, accompagnés d'atlas grand in-8° également cartonnés.

Géographie élémentaire de la France. 5ᵉ édition (année préparatoire). 1 vol............................ 90 c.

Atlas correspondant (12 cartes). 1 vol............... 2 fr. 50

Géographie des cinq parties du monde; 3ᵉ édition (première année). 1 volume................................. 1 fr. 50

Atlas correspondant (37 cartes). 1 vol............... 6 fr.

Géographie agricole, industrielle, commerciale et administrative de la France et de ses colonies; 2ᵉ édition (deuxième année). 1ᵉ volume................................ 2 fr.

Atlas correspondant (22 cartes). 1 vol............... 4 fr.

Géographie commerciale et industrielle des cinq parties du monde (troisième et quatrième années). 1 vol............ 3 fr.

Atlas correspondant. 1 vol. en préparation.

IV. Enseignement primaire des deux sexes.

Atlas primaire composé de 12 cartes tirées en couleurs. 1 vol. petit in-8, broché................................. 50 c.

Petit atlas élémentaire de géographie moderne, à l'usage des écoles et des familles, composé de 22 cartes tirées en couleurs: 1° Planisphère; 2° Europe physique; 3° Europe politique; 4° France physique; 5° Chemins de fer de la France; 6° France politique; 7° France par provinces; 8° France agricole; 9° France industrielle et commerciale; 10° Algérie; 11° Colonies françaises; 12° Iles Britanniques; 13° Espagne et Portugal; 14° Belgique et Pays-Bas; 15° Europe centrale et Allemagne; 16° Italie, Turquie, Grèce; 17° Asie; 18° Afrique; 19° Amérique du Nord; 20° Amérique du Sud; 21° Océanie; 22° Carte de l'histoire sainte. 1 vol. in-4°, broché........................ 90 c.

> Ouvrage adopté par les écoles communales de la ville de Paris, et couronné par le Congrès géographique d'Anvers et la Société pour l'instruction élémentaire.

Le même ouvrage, accompagné d'un texte explicatif en regard de chaque carte. 1 vol. in-4°, cartonné............... 1 fr. 10

L'Atlas, sans texte, suivi d'une carte du département demandé. 1 volume broché................................. 1 fr. 15

L'Atlas, avec texte, suivi d'une carte du département demandé. 1 volume cartonné................................ 1 fr. 35

Petite géographie à l'usage des écoles primaires, 9ᵉ édition. 1 volume in-18, avec 24 vignettes, cartonné............. 60 c.

> Couronné par la Société pour l'instruction élémentaire.

Petite géographie générale. 1 volume grand in-18 de 36 pages, broché................................. 15 c.

> Le cartonnage se paye en sus 5 c.

Petit atlas géographique du premier âge, 9 cartes coloriées, avec texte, grand in-18, cartonné.............. 80 c.

> Autorisé par le Ministère de l'Instruction publique.

Voir le détail des cartes page 1 de cette notice.

V. Atlas divers.

Petit atlas de géographie ancienne, composé de 16 cartes.
1 volume grand in-8, cartonné...................... 2 fr. 50.

Petit atlas de géographie du moyen âge, composé de 15
cartes. 1 vol. grand in-8, cartonné................... 2 fr. 50

Petit atlas de géographie moderne, contenant 20 cartes, format
1/4 de jésus, imprimées en couleurs, savoir : 1° Cosmographie ;
2° Mappemonde et termes géographiques ; 3° Planisphère ; 4°
Europe physique ; 5° Europe politique ; 6° Asie physique et politique ; 7° Afrique physique et politique ; 8° Amérique méridionale
et septentrionale ; 9° Océanie ; 10° France physique ; 11° France
par anciennes provinces comparées aux départements actuels ;
12° France par départements ; 13° France : Versant de la mer
du Nord ; 14° Versant de la Manche ; 15° Versant de la mer de
France ; 16° Versant de la Méditerranée ; 17° Carte des chemins
de fer de la France, de l'Allemagne et des pays limitrophes ; 18°
Carte géologique de la France ; 19° Algérie ; 20° Colonies françaises. Grand in-8, cartonné...................... 2 fr. 50
Chaque carte, séparément........................ 15 c.

Petit atlas de géographie ancienne et moderne, composé de
36 cartes. 1 vol. grand in-8, cartonné................ 5 fr.

**Petit atlas de géographie ancienne, du moyen âge et mo-
derne**, composé de 51 cartes. 1 vol. grand in-8, cart. 7 fr. 50

Nouvel atlas de géographie moderne, contenant 66 cartes.
1 vol. in-4, cartonné............................ 10 fr.

Atlas complet de géographie, contenant en 98 cartes la géographie ancienne, la géographie du moyen âge, la cosmographie et la
géographie moderne. 1 vol. grand in-4, cartonné........ 15 fr.

VI. Cartes murales.

(Pour paraître en octobre 1875.)

Petites cartes murales écrites sur toile, imprimées en couleurs et ayant une dimension de 95 cent. sur 1 m. 20 cent.

PLANISPHÈRE.
FRANCE.
EUROPE.
ASIE.
AFRIQUE.
AMÉRIQUE DU NORD.
AMÉRIQUE DU SUD.
OCÉANIE.

Typographie Lahure, rue de Fleurus, 9, à Paris.

OUVRAGES ADOPTÉS POUR LES ÉCOLES COMMUNALES
DE LA VILLE DE PARIS

BARRAU. **Livre de morale pratique**, ou choix de préceptes et de beaux exemples. 1 vol. in-12 de près de 500 pages, avec gravures ; cartonné. . . . . 1 fr. 50
— **Choix gradué de 50 sortes d'écritures**, pour exercer à la lecture des manuscrits. — Nouvelle édition refondue par M. Barrau. 4 cahiers composés chacun de 32 pages grand in-8.
— Les 4 cahiers réunis, cart. . . . . 1 fr. 30
CORTAMBERT. **Petite géographie**, rédigée conformément au programme des écoles de la ville de Paris (cours élémentaire). 1 vol. in-18, cart. . . . . 50 c.
— **Nouvelle géographie**, rédigée conformément au programme des écoles de la ville de Paris (cours moyen). 1 vol. in-12, cart. . . . . 1 fr. 25
— **Petit atlas élémentaire de géographie moderne**, à l'usage des écoles et des familles, composé de 32 cartes tirées en couleur. 1 vol. in-4, broché. . . . 90 c.
DELAPALME. **Premier livre de l'enfance**, ou exercices de lecture et leçons de morale, à l'usage des très-jeunes enfants. 1 vol. in-18, imprimé en très-gros caractères, cart. . . . . 60 c.
— **Premier livre de l'adolescence**, ou exercices de lectures et leçons de morale. 1 vol. in-18, imprimé en caractères gradués, cart. . . . . 60 c.
DUCOUDRAY. **Premières leçons d'histoire de France**, à l'usage des écoles primaires, ouvrage rédigé conformément aux programmes de la ville de Paris. 1 vol. in-18, avec vignettes, cart. . . . . 60 c.
— **Nouvelles leçons d'histoire de France** (deuxième degré). 1 vol. in-18 avec 18 vignettes ou cartes, cart. . . . . 1 fr.
HENRY-GERVAIS, instituteur primaire à Paris. **Cartographie de l'enseignement**, méthode pour apprendre la géographie de la France à l'aide de nouvelles cartes muettes à écrire.
— Cette méthode comprend 5 cartes pour les bassins physiques et 5 cartes pour les bassins politiques, plus une carte d'ensemble format grand raisin pour chaque sorte de bassin. Prix de chaque carte : en noir, 6 cent., coloriée, 10 cent. — Pour les cartes d'ensemble en noir, 30 cent., coloriée, 35 cent.
— **Méthode de lecture**, comprenant :
  1° Un Tableau monté sur toile et verni, avec gorge et rouleau. . . . . . . 10 fr.
  2° Un Livret, in-16, cart. . . . . 50 c.
  3° Syllabateur avec cartons et planches. . . . . 11 fr.
LEBRUN (Th.), ancien inspecteur des écoles primaires de la Seine. **Livre de lecture courante**, en quatre parties. Nouv. édit. avec de nombreuses gravures dans le texte. 4 vol. in-18, cart.
— Chaque volume se vend séparément et contient une lecture pour chacun des jours de classe du trimestre.
  1ʳᵉ partie (janvier, février, mars). . . . . 1 fr. 10
  2ᵉ partie (avril, mai, juin). . . . . 1 fr. 10
  3ᵉ partie (juillet, août, septembre). . . . . 1 fr. 10
  4ᵉ partie (octobre, novembre, décembre). . . . . 1 fr. 10
MEISSAS et MICHELOT. **Cartes murales écrites.**
  Europe écrite, 16 feuilles. . . . . 9 fr.
  France écrite, 16 feuilles. . . . . 9 fr.
  Allemagne écrite, 20 feuilles. . . . . 12 fr.
  Palestine écrite, avec un plan de Jérusalem, 4 feuilles jésus. . . . . . . 6 fr.
RITT, ancien inspecteur général de l'instruction primaire. **Nouvelle arithmétique des écoles primaires**, contenant env. 1200 Exercices et Problèmes. 1 v. in-12, cart. 1 fr. 50
— **Réponses et solutions raisonnées** des exercices de calcul et problèmes contenus dans la Nouvelle arithmétique des écoles primaires. 1 v. in-12, broché. 1 fr. 50
TARNIER, insp. primaire à Paris. **Nouvelle arithmétique théorique et pratique**, comprenant un choix de problèmes gradués, avec les solutions ; 7ᵉ éd. 1 vol. in-12, cart. 2 fr.
— **Petite arithmétique des écoles primaires**, 7ᵉ édition, augmentée d'un préambule pédagogique et des réponses aux problèmes du texte. 1 vol. in-18, cart. . 75 c.
WALLON, membre de l'Institut. **Abrégé de l'histoire sainte** (Ancien et Nouveau Testament). 1 vol. in-18, cart. . . . . 75 c.
— **Petite histoire sainte**, extraite de la précédente, avec questionnaire. 1 vol. in-18, cart. . . . . 50 c.
Appareil Level pour le système métrique. . . . . 41 fr.
— Le même avec les poids et mesures, et meuble en chêne. . . . . 48 fr.
Compendium métrique en chêne ciré, petit modèle, n° 4. . . . . 40 fr.

PARIS. — IMPRIMERIE DE L. MARTINET, RUE MIGNON, 2

www.ingramcontent.com/pod-product-compliance
Lightning Source LLC
Chambersburg PA
CBHW052350090426
42739CB00011B/2368